Saint Germain spricht, Bd. 2

Saint Germain spricht
Band 2

Es lebe die Freiheit!

gechannelt
von
Barbara Bessen

ch. falk-verlag

Originalausgabe
© ch. falk-verlag, seeon 2010
2. Auflage, März 2011
Umschlaggestaltung: Christa Falk und Dirk Gräßle
    unter Verwendung des Aquarells *Erzengel Zadkiel*
    von Janette Denk

Satz: P S Design, Lindenfels
Druck: Druckerei Sonnenschein, Hersbruck
Printed in Germany
ISBN 978-3-89568-219-3

Inhalt

Vorwort von Barbara Bessen 7
Vorwort von Saint Germain 13
Wer bin ich? 17
Wer ist Gott? 29
Die lange Reise vom einsamen Samariter zum
    weißen Ritter 39
Kann ein Mensch einem anderen den Weg zu Gott
    vermitteln und ebnen? 51
Was ist wahre Freiheit? 61
Vom Egoismus oder dem zweifelndem Krieger 72
Das Universum und eine jede Zelle sind eins 80
Wann und wie wird der Mensch alle Aufstiegspotenziale
    erkennen und einsetzen? 89
Persönliche Differenzen und Unausgeglichenheiten
    in dieser Zeit 99
Wer wirft den ersten Stein, oder wie sehe und beurteile
    ich andere Menschen? 111
Europa als Chance für wahre globale Weltpolitik . . 119

Die nächsten Machthaber und ihre Themen 132
Gibt es den Antichristen? 145
Der so wichtige Mut und das Selbstvertrauen, als
   verlängerter Arm Gottes zu dienen 157
Schicksal als Chance 168
Willkommen im Schoße der Einheit! 179
Über die Autorin 190

Vorwort von Barbara Bessen

Liebe Saint Germain-Freunde!

Ich freue mich ganz besonders, dass ich ein zweites Buch von Saint Germain empfangen durfte. Ich schreibe dieses Vorwort, nachdem ich das ganze Buch empfangen habe. Das ist eine Gewohnheit, die sich beim vielen Schreiben ergeben hat. Erst empfange ich den gesamten Text, um dann, genährt und rundum erfüllt von dieser Energie, ein paar Worte an die Leser zu richten. Das tue ich dann sozusagen aus der höheren Sicht des schon Empfangenen und aus dem Genuss heraus, mit dem Geistwesen, in diesem Falle Saint Germain, ausgiebig in Kontakt gewesen zu sein. Das möchte ich gern kurz erklären: Wenn ein Medium ein Buch empfängt, sind es ja Energien, die da herüberkommen. Es sind nicht nur die Worte, der Gedankenstrom, der zu mir kommt. Ich empfinde es als ganze Energiepakete, die in mich einströmen. Saint Germain sagt gerade, diese Texte werden als Paket in meinem Kausalkörper deponiert. Und ich rufe sie dann ab. So sind die Worte schon eingespeichert. Da frage ich natürlich gleich, ob er dann auch wirklich selbst da sei? Er lächelt und vermittelt mir, dass er automatisch mit den Energien auch selbst bei mir wäre. Das ist wirklich ein interdimensionales Konzept und für den menschlichen Verstand nicht so ganz einzuordnen. Ich empfinde Saint Germain beim Schreiben als eindeutig gegenwärtig.

Gestern, als ich mit dem Empfangen der Texte fertig war und mich entspannt zurücklehnen wollte, roch ich plötzlich den Duft einer Zigarre. Ich schloss die Augen und sah Saint Germain. „So, die hab ich mir jetzt verdient", sagte er und zog genüsslich an der Zigarre. Ich muss wohl ein bisschen verblüfft geschaut haben, denn er lachte laut. Das konnte ich wirklich gut hören. „Ich liebe diese irdischen Genüsse. Ich verbinde mich mit dem Geist des Tabaks. Mach dich mal schlau", sagte er, „was diese geistige Kraft zu bedeuten hat. Die Indianer und andere weise Völker wissen darum und arbeiten damit. Und außerdem mag ich den Geruch von verbranntem Zigarrentabak. Er symbolisiert mir menschliche Gemütlichkeit." Das hat mich wirklich erstaunt und amüsiert. Aber er ist ja bekannt dafür, ein Genussmensch, jetzt passt wohl besser, ein genießendes Wesen, zu sein.

Das Empfangen von Büchern ist ein nicht immer leichtes Unterfangen. Ich komme da manchmal stark an meine menschlichen Begrenzungen. Auch für mich, die ich seit Jahren viele Botschaften bekomme und auch weitergebe, ist es immer wieder eine Vertrauensaufgabe, mich völlig zu entspannen und die Energie, in diesem Falle von Saint Germain und seinen Botschaften. durchkommen zu lassen. Er spricht im Buch von der Neuen Erde als Baby, das geboren wird. Und so empfinde ich jedes Buch ebenso wie ein Baby, das auf die Welt kommen will. Ich frage mich dann jedes Mal wieder aufs Neue, ob ich dem Baby gerecht werde, ob es genug Wärme, Aufmerksamkeit und Zuwendung bekommt. Und ob ich wirklich alles tue, um auch das ganze Baby zu gebären. Am Intensivsten ist der Anfang: Ich bin voller Vorfreude, voller Energie und der Liebe der jeweiligen geistigen Wesenheit, aber auch ein bisschen Angst kommt auf: Werde ich es schaffen, alles korrekt zu empfangen? Ich glaube, das hört auch nie auf. In der Mitte des Buches kommt dann oft kurz eine Phase, in der ich eine Pause einlegen muss. So, als müsste ich neu aufgeladen werden. Ich lese dann am Schluss alles noch zwei-, dreimal ganz in Ruhe durch, entdecke meist auch noch ein paar Passagen, bei denen ich Saint Germain frage, ob das auch so gedacht sei. Und manchmal gibt er mir noch eine Ergänzung. Manchmal zucke ich auch zusammen, in diesem Buch zum Beispiel bei der Nennung der Kraftplätze. Ich frage dann nochmal nach und nochmals, ob die Namen auch wirklich stimmig sind. Er lächelte in diesem Falle liebevoll und sagte, ich solle mir vertrauen.

Ja, dieses Vertrauen in die eigene Kraft ist so wichtig in dieser Zeit. Sie bemerken es sicher auch, wie unruhig die eigene Umwelt ist und dass nicht jeder Tag gleich ist. Wir bemerken die hohe Energie, die auf die Erde kommt, aber auch die vielen Unebenheiten, die sich ausbreiten, um dann transformiert zu werden. Auch ich frage mich natürlich, wie es weitergehen wird. Wie werden sich die Aktivitäten der Erde auswirken? Haben wir so viel Herzenskraft, den Weg der Erde ausreichend zu beeinflussen? Ich bemerke, wenn ich einmal in diese Gedankengänge komme, ist Saint Germain sofort da und ermahnt mich fast, ich solle auf meine Gedanken achten. Das letzte Kapitel dieses Buches macht uns sehr deutlich, wie sehr wir die Schöpfer unseres Seins sind und wie einfach es doch auch wiederum sein kann, wenn man im Herzen aus dem Herzen heraus lebt.

Durch die Arbeit mit der geistigen Wesenheit *Kryon* bin ich mit dem ganzen Themenmaterial natürlich schon bekannt. Wobei ich gestehen muss, dass Saint Germain es mir menschlich noch etwas nähergebracht hat. Das hat sicher auch damit zu tun, dass er auf der Erde war. Er hat hier gelebt und weiß, wie der Aufstieg eines Menschen geschieht, er hat ihn erlebt als nun Aufgestiegener Meister. Und er weiß es gut zu beschreiben, was wir empfinden, und kann uns doch recht menschlich als Ratgeber hilfreich zur Seite stehen.

Im Laufe meiner Arbeit hatte ich auch mit anderen Wesenheiten intensiven Kontakt. Oft für meine eigene Entwicklung, manchmal auch, um eine andere Sichtweise oder Erweiterung der Informationen zu bekommen. Besonders die weibliche göttliche Energie hilft mir als Frau, viele der

Erlebnisse auszugleichen, die mich in anderen Leben prägten. Dadurch spüre ich, wie wichtig diese weibliche Energie für mich selbst und auch für alle anderen ist. Mir wird immer klarer, wie sehr diese weibliche Kraft für die Entwicklung der Erde gebraucht wird. Und Saint Germain hat das besonders mit den politischen Informationen dieses Buches noch unterstrichen. Ich glaube, ich erscheine nicht feministisch im gebräuchlichen Sinne, wenn ich mir wünsche, es mögen noch mehr gesund denkende und gut göttlich angebundene Frauen an die Macht kommen, damit die schützende, nährende, mütterliche Energie sich wie ein Deckmantel über der Erde ausbreitet. Wir brauchen diese weibliche Kraft, um die Neuerungen einzuleiten. Das bedeutet natürlich auch, dass die Männer ihre weibliche Seite annehmen müssen.

Das bringt uns diese Kraft, von der Saint Germain spricht, die man noch nicht sehen kann. Man kann sie fühlen. Und sie ist nicht mit der herkömmlichen Art der Logik zu erkennen. Man kann sie auch nicht logisch oder geplant irgendwo, irgendwie einsetzen, indem man Planstellen dafür frei macht. Diese Energie ist da und begibt sich dorthin, wo sie meint, dass sie gebraucht wird. Das geschieht einfach, und wir Menschen sind die Träger, wenn wir uns darauf einlassen. Das lässt sich nicht planen. Das macht die Göttliche Mutter, da bin ich sicher, von ganz allein. Wir alle Menschen auf der Erde, ob Frau oder Mann, müssen uns dafür lediglich öffnen und den Mut haben, sie einströmen zu lassen. Dann können die wichtigen Änderungen fast wie von selbst geschehen. Deshalb brauchen wir auch keine Angst zu haben, wie es hier auf der Erde weitergeht. Wir müssen Mut, Kraft und Lebensfreude entwickeln, dann sind wir auf der Siegerseite. Das bedeutet dann auch, dass alle Sieger sind, nicht nur ein paar.

Ich möchte Sie noch an einer Weisheit teilhaben lassen, die ich vor ein paar Wochen in einem anthroposophischen Magazin las und die mir aus dem Herzen spricht:

„Freiheit bedeutet, mich zu beschränken auf das Wichtige und Wesentliche und nicht zu bedauern, das nicht in Anspruch zu nehmen, was andere für wichtig halten."

Das sehe ich persönlich als einen großen Aspekt der Freiheit, von der Saint Germain so gern spricht.

In diesem Sinne wünsche ich Ihnen ein frohes Eintauchen in die Energie von Saint Germain!

Herzlichst
Ihre *Barbara Bessen*

Vorwort von Saint Germain

Gott zum Gruße, liebe Freunde!

Willkommen in der Energie von Saint Germain! Ich freue mich, dein Diener zu sein, und ich heiße dich im Kreise der Aufgestiegenen Meister herzlich willkommen! Wir sind alle eins. Magst du auch denken, wir seien separat und du seiest individuell, so trifft das zwar auch zu, aber generell sind wir eins. Wir sind auch nicht von irgendwelchen Namen abhängig, wir können wirken, ohne uns zu erkennen zu geben. Wir wirken einfach. Der Unterschied zwischen dir und mir ist, ich weiß es immer, du nur ab und zu.

Wir bewegen uns in eine neue Ebene des Seins. Davon und was du dafür tun kannst, handelt dieses Buch. Es nimmt außerdem Bezug auf die vielen Wirklichkeiten, die dich ausmachen und von denen ich natürlich auch betroffen bin. Obgleich mein Blick noch ein wenig weiter schweifen darf. Ich bin mir meiner ganz bewusst. Du übst noch ein bisschen. Lass uns viel Freude und Spaß haben in den Minuten, in denen du in dieses Buch eintauchst. Es ist nicht nur das Wort, das zählt, es ist die Energie, die einiges bei dir bewirken wird. Ich kann das nicht oft genug betonen.

Wir wollen hier nicht den Weltrekord an äußerlichen Informationen aufstellen, wir wollen eintauchen in die Liebe Gottes.

Eigentlich braucht man dafür gar keine Worte. Es reicht, wenn man alles loslässt und sich ganz in die Energie Gottes fallen lässt. Gott trägt seine geliebten Kinder. Auch wenn du dich vielleicht gerade in einer Lage befindest, in der du mit dir selbst unzufrieden bist und in Wertung mit dir gehst. Gott zürnt nicht. Er liebt dich immer so, wie du bist, und zu allen Zeiten, ohne Ausnahme. Ist diese Tatsache nicht ein guter Beginn für ein Buch?

Ich sage dir, du wirst über dich hinauswachsen in den nächsten Jahren. Ich fürchte auch, da ich deine Zweifel sehe, du wirst keine andere Wahl haben. Was willst du tun, wenn du schon ein bisschen von der Kraft des höchsten Schöpfers in dir gespürt hast? Willst du dich wieder zurückziehen aus dieser schönen Energie, nur weil du vielleicht auch Angst hast? Was kann geschehen, wenn du dich mit dem Gott in dir einlässt? Es kann nur besser werden, nicht wahr? Das verspreche ich dir. Du wirst verstehen, warum du hier bist, und du wirst bemerken, wie schön die Erde doch eigentlich ist. Du wirst außerdem leider auch erkennen, dass einige Institutionen, zum Beispiel die Banken, nicht das sagen, was sie wirklich meinen. Das führt dazu, dass du und andere erkennen, dass diese nicht mehr glaubwürdig sind und dass ihnen auf Dauer die Kunden davonlaufen werden. Glaub meinen Worten. Das ist nicht mehr so weit entfernt, wie es aussieht. Die erwachten Menschen werden das Zepter in die Hand nehmen und sich göttlich führen lassen. Mit dem göttlichen Blick bekommt alles einen anderen Nährboden und eben auch eine neue Art, sich zu entwickeln.

Das Licht Gottes ist nicht zu vergleichen mit deinem irdischen Blick, verzeih mir, wenn ich das so offen sage. Du bist oft geblendet von den äußerlichen Dingen, die doch nur Schein sind. Das bedeutet aber damit nicht, dass du das Leben nicht genießen solltest. Sei trotzdem kritisch, wenn du die Wege der irdischen, illusorischen Wirklichkeit weiter entlanggehst. Sieh auch genau hin, wem du den göttlichen Blick zutraust, wem du dann unter anderem dein Geld anvertraust. Ach, weißt du, im Zweifelsfalle fragst du mich. Ich kann dir sichere Tipps geben, das gilt für alle Dinge des Lebens.

Ich möchte dir besonders vermitteln, dass alles möglich ist. Selbst deine kühnsten Träume können sich verwirklichen. Du musst nur daran glauben und im Geiste schon voller Freude leben, was du dir vorstellst. Und verfalle nicht gleich in die Zweifel, wenn es nicht so läuft, wie du es dir gedacht hast. Damit will ich die wichtige Botschaft gleich zu Beginn vermitteln: Gottes Augen sehen anders als die menschlichen. Wenn du dir ausmalst, dein Wunsch müsse sich auf eine bestimmte Art manifestieren, dann begrenzt du den Schöpfer in dir. Die Kunst in der heutigen Zeit ist wirklich, alles für möglich zu halten und dem Gott in dir zu vertrauen. Das hat wenig mit „Wünsch dir was" zu tun, sondern entspricht kosmischen, physikalischen Gesetzen. Die Kraft für diese neuen Optionen ist jetzt da, die Voraussetzungen sind es auch.

Die Pfade des Erwachens sind göttlich beleuchtet und von vielen Helfern gesäumt, wie ich es einer bin. Das Hinderlichste sind die alten Zweifel, das gespeicherte Erlebte, das dich gefangenhält. Lass es los! Wann immer du diese Zeilen liest, es wird eine Gelegenheit da sein, in die Natur einzutauchen. Egal, ob Frühling, Sommer, Herbst oder Winter ist. In der Natur liegt ein großer Schlüssel für deine Bewusstseinserweiterung und für das Loslassen der Zweifel und der Angst verborgen. Und folge deinem Herzen. In deinem Herzen ist der Schlüssel für das kleinste und doch größte Kleinod deines Seins. Es ist der Raum deines Höheren Selbstes. Ich erlaube mir, dich in diesem Buch dorthin zu geleiten. Nur den Schlüssel, den musst du selbst umdrehen. Wollen wir es gemeinsam wagen?

Ich Bin Saint Germain

Wer bin ich?

Sei herzlichst willkommen im Schoße der Einheit mit Saint Germain! Ich möchte dieses Buch damit beginnen, dich erst einmal herzlichst zu umarmen. Wann hat dich jemand das letzte Mal so richtig herzlich umarmt? Und die zweite Frage wäre: Wann hast *du* jemanden inniglich von Herzen umarmt? Ist das schon ein bisschen her? Gut, dann genieße diese Umarmung. Lass dich tief von mir berühren. Denn Berührung ist auf der menschlichen Ebene ein wichtiges Mittel, um mit dem Gefühl in Kontakt zu kommen. Viele Menschen leben nicht aus dem Gefühl heraus. Sie haben sich dem westlichen Welteroberungszug angeschlossen und leben mit und aus dem Verstand. Die Eroberung seiner sachlichen und intellektuellen Wesenszüge mag dem Menschen prächtige Erfindungen beschert haben, doch der Pfad, sich willentlich in die Einheit zu fügen, wurde damit verlassen.

Noch einmal zurück zu unserer Umarmung: Es gibt die, die sagen, Saint Germain sei eitel, auch voller Humor und doch sehr verwegen zuweilen. Er war ein guter Alchemist, sagen sie (ich bedanke mich), aber Gefühl von meiner Seite aus ist den meisten, denen ich schon mal am Rande begegnet bin, nicht bekannt. Ich bin eher, man hält sich da besonders an das Leben des Grafen Saint Germain (ich hatte auch viele andere), geprägt von dem Bild des schönen Bonmots und des Diplomaten, der loszog, Europa vereinigen zu wollen. Man hat mich damit ein bisschen abgestempelt, denn als ich als dieser Graf unterwegs war, hatte ich längst meinen sogenannten Aufstieg hinter mir. Ich war schon den Weg zum Vater gegangen, ich bin dann zurückgekommen, um mich den mir übergebenen Aufgaben zu stellen. Ich war bereits in den höheren Ebenen, wo man mir das übergab, was ich das „Zepter des Wissens" nenne. Ich hatte mich auf der Erde besonnen, ich hatte erkannt, welches Licht in mir leuchtete, ich war immer mehr im Banne des Göttlichen Kerns und erlebte wundervolle Gefühle der Ekstase. Es waren Gefühle der Ekstase der Einheit.

Es ist dieses Gefühl, das dich kurzfristig befällt, wenn du etwas Wundervolles erlebst, das dich, wie du es nennst, glücklich macht. Diese Momente sind in deinem Leben eher kurz und flüchtig. Du bist dann meist danach ein bisschen traurig oder sogar enttäuscht, weil du erwartest, dass sich dieses Gefühl doch länger bewahren ließe. Ein Teil von dir ist dann immer etwas deprimiert, weil du erkennst, du kannst dieses Gefühl nicht steuern, du kannst es nicht festhalten. Denn es ist flüchtig und keinen physikalischen Gesetzmäßigkeiten unterworfen. Es ist einfach da. Oft kommt es sogar unvorhergesehen. Es ist da und setzt sich zu dir, wie ein kleiner Schmetterling, der unverhofft, wenn du in der Natur bist, angeflogen kommt. Er gibt dir ein kleines Gastspiel seiner Schönheit und seiner Leichtigkeit, schlägt ein paarmal mit seinen Flügeln, und schon schwebt er wieder davon. Du bist entzückt von dieser Leichtigkeit, diesem Farbenspiel und dieser Präsenz im Hier und Jetzt. Aber du kannst den kleinen Falter nicht steuern. Er kommt und geht wieder, ohne dass du es bestimmen könntest. So ist es auch mit dem menschlichen Glücksgefühl. Es kommt unverhofft, ist kurz da, und, schwupp, ist es wieder fort.

Nun vergegenwärtige dir einmal meine Präsenz, so wie du einen lieben Menschen neben dir wähnst. Spüre mich. Halte inne beim Lesen und nimm mich noch stärker wahr. Ich bin bei dir und umarme dich. Ich stehe vor dir und nehme dich ganz und gar in den Arm. Ich nehme dich sanft und dennoch fest in den Arm. So wie du es erlebst, wenn du jemanden lange nicht gesehen hast. Eine Wiedersehensfreude und ein tiefes Verstehen breitet sich dann aus, das auf einer höheren Ebene angesiedelt und frei ist, und es durchströmt dich. Unsere Umarmung ist die eines väterlichen Freundes. Ich bin zwar männlich und weiblich, das ist dir auf deinem Entwicklungswege sicherlich schon klar geworden, dass es so ist, aber ich komme mit einer starken männlichen Qualität zu dir, mit dem Bonbon, dass ich mir meiner weiblichen Präsenz sehr bewusst bin. Ich gehöre, wenn du so willst, zu den Männern, die ihre weibliche Seite bereits integriert haben und sie leben. Obwohl es hier auf dieser Ebene, die ich zur Zeit bewohne, noch etwas anders ist.

Nun nehmen wir an, du wertest nicht und lässt mich dich einfach umarmen. Du denkst nicht: „Oh, jetzt kommt Saint Germain. Bin ich richtig angezogen? Rieche ich gut und bin ich gut frisiert?" Das ist wirklich nicht von Belang. Sei ganz entspannt und lass dich auf mich ein. Und den Verstand schieben wir auch beiseite, der sagt: „Das kann nicht angehen, das ist nicht möglich. Wie soll Saint Germain jetzt hier sein? Wie soll er mich umarmen, wenn er nicht auf dieser Ebene ist? Wie soll ich das fühlen können? Außerdem sehe ich ihn auch gar nicht. Also kann es nicht der Wahrheit entsprechen!" Ich ermutige dich hiermit, deinem Verstand keinen Glauben zu schenken, sondern dich weiter zu entspannen und die Umarmung geschehen zu lassen. Jetzt!

Kannst du mich fühlen? Das ist die Energie von einem guten väterlichen Freund, der sich dir aus einer höheren Ebene nähert und den Schleier des Vergessens einfach eben einmal lüftet und dich besucht. Es ist ein Besuch, der offenbar nur kurz hereinschaut, um dann schnell wieder zu gehen. Aber das ist nicht korrekt. Ich bleibe, und ich bleibe so lange bei dir, wie du es möchtest. Und wie in dem ersten Buch, das ich dieser Dame – ich kenne sie übrigens schon lange und auch aus der Zeit des Grafen – diktierte, schon beschrieben, gleicht ein Besuch von mir einem Öffnen des Göttlichen Tores und der Einheit der höheren Ebenen. Ich bin hier, um immer mit einem Bein bei dir zu sein. Da ich interdimensional bin, kann ich viele Beine irgendwo hinsetzen. Die Beine bleiben dann da, und mit ihnen nehme ich wahr, was dort geschieht. Stell dir vor, meine Beine haben Augen, die alles sehen und dementsprechend agieren. Meine Beine haben auch ein Herz. Es kann sofort, wenn nötig, dieses Gefühl des väterlichen Freundes erzeugen, um dir zu vermitteln, du bist nicht allein und ich bin da, um dir bei deinen weiteren Schritten der Bewusstseinserweiterung zu helfen. Ich bin auch da, um mit dir gemeinsam die alten Muster und Prägungen aufzulösen, die dein Leben immer noch zäh in alten Bahnen halten, die verhindern, dass du freiheitlich denkst und agierst. Ich helfe dir mit diesem einen Bein der Präsenz, dich zu erinnern, wer du wirklich bist und wie du dein altes Wissen nun zum Wohle deiner selbst, aller anderen und der Mutter Erde einsetzen kannst. Es ist nicht notwendig, dafür in Askese zu gehen, sondern es ist eher ratsam, das Leben in vollen Zügen wahrzunehmen und auch zu genießen. Letzteres fällt dir oft schwer, eben weil die alten Muster dich mit einem Teil deines Seins, dem irdischen, fest in den alten Pfaden der Dualität halten.

Spürst du noch unsere Umarmung? Nimm wahr, dass diese Umarmung nicht nur die des väterlichen Freundes ist, sondern spüre tiefer. Dann bemerkst du, dass diese Umarmung eigentlich neutral ganzheitlich ist. Sie ist vielfältig, sie ist wie ein Fächer, der sich langsam öffnet, und erst dann wird seine Prächtigkeit offenbart. Du befindest dich in der Liebe der Einheit. Diese Einheit ist die göttliche Präsenz in allem, was es gibt. Nichts davon ist in Trennung.

Der Mensch, auch du, denkt oft, er sei allein und nur auf sich gestellt. Doch dieses Thema lass uns später näher behandeln.

Diese Umarmung hat viele Facetten. Sie ist auch ein Schlüssel für dich, zu erkennen, wer du bist. Denn das, was ich dir durch diese Begegnung, die wir jetzt beginnen und während des Buches noch intensivieren, vermittle, ist die Präsenz deines wahren Ichs. Ich zeige dir, dass dein menschliches Sein etwas sehr Ehrenwertes und Besonderes ist. Ich zeige dir aber auch, dass es einer Illusion gleicht, die sich immer so verändert, wie du es selbst gern hättest. Alle Bilder von dir selbst und von anderen sind ein Trugbild und lediglich von den menschlichen Gedanken geformt. Gedanken formen Meinungen, und diese wiederum prägen ein ganzes Bild des Lebens. Jeder lebt so, wie er denkt, wie er leben soll. Es ist, wenn du dich verändern möchtest, also nur ein kleiner Schritt, nämlich der des Umdenkens. Dieses Umdenken ist allerdings insofern schwer, als dass das alte Lebensmuster wie ein Gummiband immer wieder zurückschnellt. Zwei Schritte im irdischen Spielfeld nach vorne zu gehen, beinhaltet oft, einen wieder zurückzugehen.

Und ich weiß, dass du dies oft auch so wahrnimmst und mit dir haderst, weil du dir sagst: „Ich habe jetzt endlich den so lang ersehnten Schritt der Loslösung von einer bestimmten Sache geschafft, aber irgendwie komme ich nicht recht davon los. Es ist wie ein Bann, der mich wieder und wieder zurückblicken lässt. Ich spüre, die Schritte sind schwer und die Beine fühlen sich wie Blei an." Ja, so kann es sein. Deshalb schenke ich dir diese Umarmung, sie möchte dir auch vermitteln, dass es immer jemanden gibt, der bei dir ist und der sieht, wie es dir geht, wobei der Begriff „jemand" irreführend ist, weil es eigentlich viele sind. Es sind oft diese kleinen Gefühle der Verbundenheit mit dem scheinbaren Nichts, die du manchmal hast. Du spürst, da ist etwas, jemand, nicht erklärbar, was es ist, aber es fühlt sich lebendig an. Du kennst das sicher aus Situationen der Stille oder der Erschöpfung, der Einsamkeit, ohne diese unterschiedlichen Stimmungen zu bewerten. Du erkennst etwas zart Erfühlbares, manchmal sogar schemenhaft Erkennbares, das da ist, um dich herum, neben dir. Es ist einer deiner lieben Helfer, die immer um dich herum sind. Ihr Menschen nennt sie Engel. Es sind meist Seelen, die zur Zeit nicht inkarniert sind und die dein Leben begleiten. Auf der anderen Seite, die du besuchst, wenn du stirbst, sind sie dir wohl bekannt. Aber jetzt fühlt es sich eher fremd an, obwohl eine leichte Süße mit dieser Begegnung einhergehen kann. Es fühlt sich so an, als wäre man in dem Schoße der wahren Familie eingebettet. Du bist also wirklich nie allein. Und meine Umarmung soll dir zeigen, dass du nun aus der Phase des nur flüchtig Fühlenden herausgewachsen bist. Die schemenhaften, engelgleichen Begegnungen sind vorbei.

Du bist in deiner Bewusstseinserweiterung so weit fortgeschritten, dass du die anderen Ebenen des Seins besser wahrnehmen kannst. Sie sind näher gerückt und viel transparenter. Nun lass uns noch einmal gemeinsam ganz tief in unsere Umarmung eintauchen. Spüre die ganzen Facetten dieser Berührung, es ist wahrlich interdimensional, weiblich, männlich, elementar, göttlich, warm, kühl, weit, tief, nah und berührend. Und wenn du jetzt ganz tief berührt bist und weinen musst, dann nimm dir Zeit, dieses Gefühl auszukosten. Weinen kann sehr befreiend sein. Und du ahnst es sicher schon: Ich habe diese Umarmung auch dazu benutzt, deine Herzensebene noch ein bisschen zu klären. Ich hab dein Herz von alten Schlacken befreit und es noch mehr freigelegt. Das tat ich, damit du die Begegnung in diesem Buch ganz und gar aufnehmen kannst. Es sind eben nicht nur die Worte, die von Belang sind. In jeder dieser Buchstabengruppe ist ein Energiepaket versteckt. Es ist wie viele kleine Schlüssel, die im Laufe des Lesens des Buches ihren Dienst aufnehmen und weitere Herzensebenen öffnen. Denn wie sagte ein bekannter deutscher Dichter, der wahrlich interdimensional schauen konnte: "Man sieht nur mit dem Herzen gut!"

Nimm dir Zeit, unsere Begegnung zu genießen und als das zu nehmen, was sie eigentlich ist: ein Einstieg in meine Welten des Seins. Ich bin auf dieser Ebene, wo ich verweile, mit vielen Attributen des Göttlichen Wirkens vertraut. Ich arbeite allein, und dennoch bin ich mit allen verbunden. Ich brauche keine Schritte zu tun, um jemanden zu erreichen, mein Wirken ist immer das Wirken vieler, und alle wissen, was ich tue. Das ist menschlich schwer zu verstehen. Versuche erst gar nicht, das zu analysieren. Lass es ruhen. Das Verstehen wird sich dir offenbaren, wenn es für dich soweit ist. Und das Verstehen kommt auf leisen Sohlen. Du bemerkst es oft gar nicht, wenn du eine Erkenntnis gewonnen hast. Sie ist einfach da. Du zapfst das allgemeine Göttliche Wissen an, wenn sich einer der vielen Schlüssel in dem passenden Schloss gedreht hat. Und wieder bist du einen Schritt weitergekommen und sammelst neue Erkenntnisse. Korrekt müsste es heißen: Du erkennst das, was du eigentlich schon weißt. Denn höhere Anteile von dir wissen das alles. Du verbindest dich lediglich mit ihnen, die dich dann an dem Wissen teilhaben lassen. So ergeht es mir ebenfalls, eben nur auf einer höheren Ebene als der deinen. Ich verbinde mich mit meinen höheren Anteilen, die wiederum mich an ihrem Wissen und ihrer Weisheit teilhaben lassen.

Die Umarmung mit mir beinhaltet den Schlüssel, der es dir möglich macht, in meine Welten einzutreten. All die Menschen, die meine Schriften lesen, fühlen sich von mir angesprochen. Sie treten zu mir in Resonanz. Ich kann dies nicht oft genug vermitteln: Nur wer sich durch meine Präsenz, meine Schwingungen angesprochen fühlt, wird meine Informationen aufnehmen. Auch das ist ein Schlüssel. Ich bin einer von vielen geistigen Lehrern, die in dieser besonderen Zeit den Menschen helfen wollen zu erwachen – oder noch weiter zu erwachen, um jetzt der Erde und anderen Menschen zu helfen, den Weg in das neue Zeitalter zu beschreiten. Es wird die geben, die Saint Germain nicht lesen mögen. Sie befinden sich nicht mit mir in Resonanz. Sie sind nicht aus meiner Familie. Sie sind nicht in meinem Farbschwingungskreis. Damit will ich sagen, dass es viele Strömungen der Farbschwingungen gibt. Und ein jeder Mensch fühlt sich von der Frequenz der Schwingungen angezogen, die in ihm selbst tief verankert sind. Das ist so etwas wie ein Signet, wie ein Logo oder ein Familienname. Tief in dir ist etwas eingestanzt, das zeigt, woher du kommst.

Verstehe mich bitte richtig: Jeder kommt aus der Quelle allen Seins, aber der Weg aus dieser hohen Göttlichen Quelle kann vielfältig sein. Irgendwo, irgendwann wurdest du als großes Lichtwesen aus der Quelle ausgeatmet, um Erfahrungen zu machen. Du wurdest fragmentiert in viele Einzelteile. Das ist wie eine kosmische Leiter. Vielleicht kannst du diesen Vergleich als Unterstützung für deinen Verstand nehmen, der immer gern etwas zur Erklärung braucht. Jedes dieser einzelnen Lichtwesen hat dann eigenständig seinen Weg gewählt und sich auch wiederum aufgeteilt, eben um viele Erfahrungen gleichzeitig zu machen. Alle Einzelfragmente haben jedoch dieses Signet tief gespeichert, und sie tragen es verschlüsselt in sich und für sich selbst meist nicht erkennbar. Ich allerdings kann in dich hineinschauen und sehe eine Resonanz zu meinem Signet. Wir sind aus einer Familie, die ihren Sitz in einem weit entfernten anderen Universum hat. Wir kommen von weither und haben eine lange Reise der Erfahrungen gemacht. Unvorstellbar, nicht wahr? Wir waren viele und nicht immer waren es menschliche Kleider, die wir trugen. Wir waren auch Wesen oder Bewusstseinseinheiten, die eine für dich heute unangenehme äußere Form hatten. Und wir waren auch mit der dunklen Seite der Macht gut vertraut. Wir haben alles gespielt. Wir waren gute Schauspieler, wir haben uns prima vor uns selbst versteckt und haben oft nicht gewusst, wer wir sind.

Durch unsere Umarmung vermittle ich dir, dass ich um unser ursprüngliches Elternhaus weiß. Ich kenne immer mehr meinen Werdegang, meine Reiseroute. Und ich weiß auch, dass ich dort irgendwann wieder sein werde. All das möchte ich dir vermitteln, dir die Hand reichen und dir sagen: Sei nicht traurig, wenn nicht alles in deinem irdischen Leben so läuft, wie du es gern hättest. Du wirst immer mehr die vielen kleinen Schlüssel ins Schloss drehen, die dir zeigen, wie du dein Leben so verändern kannst, dass es zu deinem Wohle und dem Wohle der Allgemeinheit wirkt. Denn was du dir Gutes tust, kommt auch den anderen zugute. Ich vermittle dir, dass du wirklich nie allein bist. Du wirst im Laufe dieses Buchlesens und auch später bemerken, dass sich dein Leben verändert, dass sich Knoten lösen. Dies geschieht nicht, weil ich daran herum manipuliere. Das ist mir nicht gestattet. Aber du wirst dich selbst so verändern, dass die Knoten sich auflösen, eben weil du anders denkst und anders agierst. Das ergibt sich aus unserer familiären Begegnung. Unser Beisammensein ist wahrlich interdimensional, denn ich arbeite eng mit deinen höheren Anteilen zusammen. Wir sind ein Team und unterstützen dich, mehr in deine Eigenverantwortung zu kommen. Ich bin nun als dein väterlicher Freund, als deine liebe Freundin und dein lieber Bruder an deiner Seite. Und dies tue ich auch gern über das Lesen dieses Buches hinaus. Du bist in meinem Feld, mein Bein steht auf deinem Rock- oder Hosenzipfel. Ich hoffe, du empfindest mich nicht als lästig oder als störenden Beobachter! Ich werde dich begleiten, aber dir trotzdem deinen intimen Bereich lassen und ihn respektieren. Aber stell dir vor: So etwas wie Scham kenne ich nicht. Scham ist ein sehr altes Muster aus einer Besamungsphase der Erde, die mit starken sexuellen Experimenten einherging. Ich habe diese Spannungen bereits gelöst. Wie wär's, wenn du deine Scham einfach beiseite lässt und mir gestattest, auch deine alten Spannungen aus jener Zeit zu lösen? Wohl dann, lass uns unsere Interdimensionalität leben!

Wer ist Gott?

Die Geborgenheit, die eine Umarmung mit sich bringt, vorausgesetzt sie kommt von Herzen, ist die Energie, die alles zusammenhält, es ist Gott. Wenn sich zwei Menschen umarmen, kommt die Energie Gottes zum Vorschein. Wer von Herzen jemanden in den Arm nimmt, der meint das, was einige von den Lichtträgern zur Begrüßung gern sagen: „Namasté"! Das bedeutet: „Ich grüße das Göttliche in Dir!" Wahre göttliche Begegnungen gehen immer vom Herzen aus. Das ist die Qualität, die ihr Gott nennt. Gott ist keine väterliche Gestalt, die einen langen Bart hat und weise oder auch strafend den Menschen begegnet. Gott ist Energie, Gott ist Licht, Gott ist das Mysterium. Wer versucht, Gott zu beschreiben, landet irgendwo im Nichts. In der Unendlichkeit. Gott ist nicht fassbar und schon gar nicht vollständig mit Worten zu beschreiben. Gott ist das Mysterium, immer noch, obwohl viel geforscht wurde, auch mit dem Herzen. Aber Gott ist einfach, wie bei der Umarmung fühlbar. Bevor wir wieder in die Idee von Gott eintauchen, möchte ich dir die Möglichkeit geben, zu Gott direkt Kontakt aufzunehmen. Es gibt viele Möglichkeiten, Gott zu erreichen, sich mit ihm/ihr zu binden. Gott ist natürlich männlich und weiblich. Wir wählen nun den Weg des tieferen Fühlens, um Gott ein bisschen näher zu kommen. Es ist eine Erweiterung der Umarmung. Stell dir Gott so vor, wie du meinst, wie er ist. Wenn es für dich eine väterliche oder eine mütterliche Figur ist, dann ist das recht. Gott hat nichts dagegen. Er ist es gewohnt, alle möglichen Figuren und Essenzen darzustellen. Glaube mir, es ist unendlich und oft fast amüsant, wie Menschen und auch andere Wesen sich Gott vorstellen. Das meine ich ohne Wertung. Aber es erheitert mich, weil ich auf so manche Idee nicht gekommen wäre.

Aber weiter auf unserem Pfad. Gott ist alles und wird auch immer alles sein, und er hat nichts dagegen, dass du ihn dir menschlich vorstellst. Wenn du es bevorzugst, ihn dir als Goldene Welle vorzustellen, wie der geschätzte Freund *Kryon* es gern anbietet, dann ist mir das auch recht. Wenn du einen farbigen Strahl wählst oder einen gewebten Teppich oder eine große Sonne, gern. Alles ist genehm. Mir geht es darum, dass du Kontakt zu dem Schöpfer allen Seins aufnimmst. Und wir wollen dies nicht kommunikativ tun, sondern mit dem Gefühl. Stell dir nun dein Bild von Gott vor deinem inneren Auge vor. Hast du das Bild? Gut, dann vertiefe dich darein. Nimm dir Zeit, diese Form, das Bild ganz stark aufzunehmen. Manipuliere nicht, wenn es sich verändert, sich bewegt oder sogar mal weg ist. Fokussiere dich dann erneut auf das Bild, bis du es wieder vor deinem inneren Auge hast. Nimm es so, wie es kommt, und dann erfühle es. Fühle dieses Bild, fühle die Energie, die es beinhaltet. Du hast dich Gott mit deiner reinen Absicht, und das ist wichtig, genähert und er/sie wird darauf reagieren. Er/sie wird das tun, was nun passend für dich ist. Leg das Buch gern einen Moment beiseite und lass dich von Gott durchströmen.

Weißt du, viele Menschen versuchen wahrlich, Gott zu ergründen. Gott lässt sich nicht ergründen, zumindest nicht in diesen unseren tieferen Ebenen des Seins. Wer in den höheren Ebenen weilt, der hat sicherlich noch mehr Zugang zu den tieferen Mysterien. Aber bis dahin ist es noch ein weiter Weg. Wir sind dabei, uns selbst zu erforschen, das gilt für dich wie auch für mich. Ich weiß viel über meinen Weg, über meine Aufgaben. Ich erahne, wie Gottes Schöpfung funktioniert. Ich habe viel gelernt darüber in den Zeiten auf der Erde und auch hier. Aber immer noch liegt einiges für mich im Dunkel. Ich kann es mit meiner Art zu leben nicht erfassen. Ich tappe auch wie du noch ein wenig im großen Nebel. Aber das erschüttert mich nicht. Ich kann hier viel erfahren über meine lieben Weggenossen, die zum Teil andere Erfahrungen gemacht haben, die andere Wege der Entwicklung der Seele gegangen sind. Und ich bin zu der Einsicht gekommen, dass das Wichtige an dem Weg nach Hause zu Gott ist, sich zurückzulehnen, zu vertrauen und davon auszugehen, dass alles zur richtigen Zeit kommt, so wie es für einen jeden passend ist. Das gilt für einen Seelenaspekt, wie du einer bist, und auch für eine ganze Seele wie mich. Das klingt ein wenig paradox, weil ich natürlich letztlich auch ein Aspekt eines höheren Ganzen bin. Aber ich bin mir dessen bewusst und habe mich bei meinem Aufstieg mit all meinen drei- und vierdimensionalen Selbsten verbunden. Wir sind zu einem Ganzen verschmolzen. Und hier in meinen Gefilden ist jedem bewusst, dass es noch höhere Anteile dieses Ganzen, was wir sind, gibt, die sich uns zwar offenbaren, die voll und ganz zu erkennen, uns aber noch nicht möglich ist. Du siehst also, der Weg zurück zur Schöpfung, zur Einheit ist nicht einsehbar – und schon gar nicht logisch zu erklären. Das ist lediglich mit dem Herzen zu erfahren. Die Entwicklung des Herzens ist wirklich das Wichtige an dem Aufstieg der Menschheit. Ohne ein geöffnetes Herz wirst du nie den Schlüssel im Tor für den Weg nach Hause umdrehen können. Er wird steckenbleiben, und du hast dann zu einem anderen Zeitpunkt die Möglichkeit, deinen Weg weiter fortzusetzen.

Lass uns Gott noch ein wenig weiter erfühlen, so wie ich dir diese Instanz, dieses eine Ganze nahebringen möchte. Gott ist männlich und weiblich, wie dir ja bekannt ist. Es gab eine Zeit, obwohl der Begriff Zeit hier nicht ganz stimmig ist, in der Gott und Göttin nicht aktiv waren. Stell es dir gern so vor, als würden sie ruhen, tief schlafen, allerdings ohne zu atmen, denn das ist ja auch schon Leben und Entwicklung. Göttin und Gott waren im Nichts, sie waren untätig. Sie waren in der tiefen Stille und auch nicht manifestiert.

Es war ein schöpferisches Nichts, was menschlich schwer vorstellbar ist. Es war lediglich ein dunkles Nichts. Irgendwann erwachte dieses Nichts, wurde sich seiner selbst bewusst und begann zu denken, zu erschaffen, zu kreieren. Das stell dir gern so vor, als würden Frau und Mann erwachen, als würden sie beginnen, sich zu regen, zu atmen, vielleicht so auch menschlich zu verstehen wie das Märchen von Dornröschen. Alle Märchen haben übrigens einen mystischen Hintergrund. Dieses auch. Dornröschen wird aus dem tiefen Schlaf des Unbewussten aufgeweckt und vereint sich mit dem aktiven Prinzen.

In der östlichen Mystik wird das weitere Geschehen des Gottes und der Göttin als das Ausatmen beschrieben. Das bedeutet, Gott und Göttin vereinten sich und erschufen Leben. Sie erschufen eine Kreation, die weitläufig als der Sohn bezeichnet wird – der Sohn Gottes und der Göttin, der ausgeatmet wurde, um weiteres Leben zu erschaffen. Ich beschreibe dieses Mysterium ganz einfach, damit dein Verstand sich entspannt zurücklehnt und im Groben versteht, wie alles zusammenzufügen ist. Wir tauchen über das Gefühl in diesen Schöpfungsakt ein. Ich bitte dich daher, die Augen zu schließen und dir dieses beschriebene Bild herbei zu fühlen. Du wirst erstaunt sein, wie du diesen Schöpfungsakt wahrnimmst. Lass dir Zeit dabei. Du wirst bemerken, dass die Göttliche Instanz sich deiner bewusst ist und dass sie dir hilft, ein bisschen zu verstehen, wie er, sie, es ist. Du wirst übers Gefühl die Schöpfung in

Aktion erleben. Bitte lass dich jetzt auf diese Gefühlsreise ein!

Aus dieser Schöpfung von Gott und Göttin haben sich weitere Schöpfungen ergeben. Gott und Göttin haben weiter ausgeatmet und ihre Schöpfungen beobachtet. Die göttliche Schöpfung ist eine ewig fließende Gedankenkonstruktion, die sich auf verschiedenen Ebenen in unterschiedlichen Formen manifestiert. Sie geht immer weiter hinunter, hier passt wieder die Analogie der Leiter. Du bist ein Teil auf den unteren Stufen der Leiter. Schaust du nach oben, erblickst du deine höheren Anteile. So ist die Schöpfung zu verstehen, natürlich ganz einfach ausgedrückt. Und irgendwann atmet der Schöpfer wieder ein. Alles Erdachte, Kreierte geht wieder in den Pool der Einheit zurück, auch das kannst du gefühlsmäßig sicher gut nachvollziehen. Alle Bewusstseinseinheiten, die jemals ausgezogen sind, um Erfahrungen zu sammeln, kehren in den Schoß von Gott und Göttin zurück. Die wiederum gehen dann wieder in das Nichts, in die Dunkelheit, in die Stille, um dann wahrscheinlich irgendwann wieder zu erwachen. Doch das, und wie und wann es geschieht, bleibt das Mysterium.

Ein sanfter Teil des Einatmens ist schon zu spüren. Zumindest, was das physische Universum anbelangt. Viele Menschen haben hier auf der Erde nun die Möglichkeit zu erwachen. Die Erde geht in eine neue Umlaufbahn in diesem Sonnensystem. Die damit verbundenen Veränderungen sind bekannt und für jeden Menschen spürbar. Es gibt die Menschen, die sich dessen bewusst sind und ihr Denken und Handeln dementsprechend verändern. Und es gibt die Menschen, die es noch nicht schaffen, diese Bewusstseinssprünge, das Erwachen zu unternehmen. Sie setzen ihre Erfahrungen auf einem anderen Planeten fort. Unser Planet Erde wird seine vierte Dimension, den ätherischen Bereich, das Territorium, wo die Seelenaspekte verweilen, die die Erde verlassen haben und auf eine weitere Inkarnation warten, auflösen. Der Reinkarnationsverlauf wird auf der Erde auslaufen, da die Erde sich in eine höhere Dimension begibt und der übliche Reinkarnationsfluss nicht mehr zu dem neuen Plan passt. Das ist der Weg der Erde. Das heißt, ein jeder Mensch ist aufgerufen zu erwachen. Früher gab es nur für wenige Menschen die Chance, zu erkennen, wer sie sind. Jetzt haben alle Menschen auf diesem Planeten die Möglichkeit, sich ganz der Göttlichen Kraft zu öffnen und mit dem eigenen Göttlichen Kern mehr zu verschmelzen, um einen weiteren Schritt auf der Leiter zu tun.

Wenn man dieser einfachen Beschreibung von Gott und Göttin folgt, ergibt sich daraus, dass ein jeder Gott ist. In jedem Menschen ist ein göttlicher Kern, der rein und klar und ohne erlernte Muster ist. Dieser göttliche Partikel ist immer mit der Schöpfung direkt verbunden. Es mag für dich verrückt klingen, dass Gott und Göttin wissen, was du tust. Stell es dir so vor, dass er/sie ein so großes Bewusstsein hat, dass eine jegliche Schöpfung für sie wahrnehmbar ist.

Wer sich von euch mit *Sanat Kumara* beschäftigt hat, weiß, dass er der Hüter der Erde ist. Er hat eine lange Ausbildung genossen, in der er lernte, wie er die gesamte Erdschöpfung mit all ihren Lebewesen in seinem Herzensbewusstsein halten kann. Ein jegliches Geschöpf ist ihm bewusst. Er hat sein Bewusstsein so weit ausgeweitet und geschult, dass er alles sehen und auch in seinem Bewusstsein halten kann, was die Erde betrifft. Das ist interessant, nicht wahr? Aber es übersteigt wieder das menschliche Fassungsvermögen. Deine Vorstellungskraft will dies nicht ganz annehmen, weil es dir unmachbar erscheint. Schwenken wir hinüber zu dem geehrten Sanat Kumara, der über die Venus den Weg zur Erde fand und dort für die wunderbare Aufgabe geschult wurde. Wenn du Lust und Zeit hast, verbinde dich mit ihm und bitte ihn, dir zu zeigen, wie du mit deinem Bewusstsein so schauen und fühlen kannst, als wäre es das seine. Dann kannst du nachvollziehen, wie groß sein Bewusstsein ist. Wie groß muss da erst das Bewusstsein Gottes sein, das alles umfasst, was ist!

Der Weg des Menschen in dieser Erdenzeit ist der Weg des Erkennens. Wir reden hier im Moment noch nicht davon, dass du dein Bewusstsein zu einem Weltenlehrer ausweiten sollst. Wobei es durchaus im Bereich des Möglichen ist, dass das später eine deiner Aufgaben sein könnte. Aber gut wäre, du würdest deinen ganzen jetzigen Schöpfungsbereich mit deinem Bewusstsein umspannen und erkennen, was du täglich erschaffst. Denn mit jedem Gedanken erschaffst du ein Feld, das sich mit der ständigen Wiederholung und der damit einhergehenden Emotion immer fester manifestiert, bis es in den Erdbereich gelangt. Und in dieser hochinteressanten Ära wird sich alles, was gedacht wird, immer schneller auf der Erde manifestieren. Beschäftigst du dich mit diesem Phänomen, wird dir schnell bewusst, welche schöpferischen Qualitäten du hast. Eigentlich ist es ganz einfach, etwas zu manifestieren. Die Kraft der Göttlichen Energie ruht in dir selbst. Du bist der Gott deines Lebens. Es ist wirklich einfach, das zu verstehen. Täglich bist du dein Gott. Du erschaffst ständig, und das beginnt beim Aufstehen, nein, eigentlich schon in der Nacht, wenn du dir deines schöpferischen Potenziales bewusst bist, indem du zum Beispiel auf der astralen Ebene Szenerien erschaffst, um sie dir beim Erwachen als Traum zu präsentieren. Alle Träume sind Erschaffungen deiner selbst, um Erlebnisse zu verarbeiten. Oft sind es auch Botschaften, um dich auf äußere Umstände und Entscheidungen aufmerksam zu machen. Beobachte deine Träume und versuche sie gern mit meiner Hilfe zu entschlüsseln. Oft ist es viel einfacher, als du denkst. Wenn du beispielsweise träumst, dass deine Haustür oder die Fenster deiner Wohnung offen oder undicht sind, wird dir vermittelt, dass du ein bisschen besser schauen solltest, was du in dein eigenes Feld aufnimmst. Vielfach ist nach einer Krankheit oder einer Aufregung das Immunsystem nicht stabil, und die Aura, das Feld, das dich umgibt, ist löchrig und bietet Wesen aus der Astralebene oder herumirrenden Seelenaspekten die Möglichkeit, sich bei dir einzunisten. Der Traum kann auch bedeuten, dass du mehr bei dir selbst sein solltest. Auch dieses Thema ist ein weites Feld, und wir wollen das zu einem anderen Zeitpunkt besprechen. Ich will dir damit lediglich aufzeigen, dass du immer aktiv bist und Gedanken – ist gleich Schöpfungen – aussendest, damit sie sich manifestieren.

Bleibt eigentlich nur noch zu erwähnen, aber das hast du dir sicher schon in den letzten Jahren gedacht oder darüber gelesen, dass man die eigenen Gedanken kontrollieren sollte. Ein ständiges An-sich-selbst-Herumkritisieren oder eine negative Bewertung einer Sache oder eines Menschen zieht seine Kreise. Es ist wie ein Gerüst, das du dir selbst baust, aus dem du negative Begegnungen und Konstrukte in deinem Leben baust. Schicke jeden Gedanken, der mit negativer Bewertung, mit Eifersuchtsgefühlen, Neid zu tun hat, fort. Lass ihn wegfließen und ersetze ihn durch einen Gedanken der Liebe. Es ist auch hilfreich, bewusst ins Herz hineinzugehen und sich das Gefühl der Einheit, die Präsenz von Gott und Göttin herbei zu holen. Und wenn das noch nicht so gut klappen sollte, dann hast du ja mich.

Allzeit zu Diensten
bin ich *Saint Germain*.

Die lange Reise vom einsamen Samariter zum weißen Ritter

Wenn sich die Seele zu der meist langen Reise der Erderfahrungen entschließt, ist sie sich zwar der Voraussetzungen und der „Gefahren" bewusst, denn sie hat studiert, wie es ist, hier zu sein. All das wurde ihr beim Eingang in dieses System ausreichend vermittelt. Aber trotzdem ist die Seele sich fast sicher, dass sie die Trennung von den verschiedenen Anteilen, in die sie fragmentiert wird, und dem Kernanteil, den sie auf einer höheren Ebene zurücklässt, nicht so intensiv erleben wird. Niemand von uns allen, die wir diesen Kreislauf unternehmen, kann sich wirklich vorstellen, so tief ins Vergessen hinabzusteigen und das eigene Sein nicht mehr ganzheitlich zu erkennen. Der Strudel der Erderfahrung ist so groß, dass niemand ihn steuern kann. Alle eingebauten eigenen Sicherheitsmaßnahmen sind zum Scheitern verurteilt. Der Spielplan, den Sanat Kumara für die Erde zusammenhält, war all die vielen Jahrtausende undurchdringbar. Nur ganz wenige schafften es, sich diesem Feld zu entziehen beziehungsweise einen Spalt zu erhaschen, um das größere Spektrum des Göttlichen Lichtes in sich aufzunehmen. Alle finden irgendwann den Weg dieses göttlichen Pfades wieder, denn das gleißende Licht des Schöpfers findet zu allen Seelen. Die Frage ist nur: Wie lange dauert dieser Weg zur Selbstfindung, zum Erkennen, wer man eigentlich wirklich ist?

Nochmal für die unter Euch, denen dieses Buch quasi in die Hand fiel und die noch nicht so recht wissen, was ich eigentlich vermitteln will: Du bist eine Seele, die sich aufmachte, Erfahrungen in der Dualität zu sammeln, und dein Weg in dieses gespannte Netz aus Gut und Böse ist eine Fahrt ins Irrlicht. Dieses Irrlicht vermittelt dir Dinge, die eigentlich gar nicht da sind, aber trotzdem das Sein eines jeden Menschen säumen, wenn er sich auf dieses Abenteuer einlässt. Die Erfahrungen, die alle Seelenfragmente auf dieser Ebene der Dualität sammeln, sind holografisch zu verstehen und gelten einem Bild von Licht und Schatten. Du selbst wirst nach langer Zeit des Probierens und Testens immer wieder ins Irrlicht geführt, und du glaubst, es sei die Wahrheit. Du vergisst deinen göttlichen Kern und probierst das Sein im Strudel der Verwirrung. Die Kunst ist es, wieder herauszufinden aus diesem Sog. Es ist ein künstlich erzeugtes Spielfeld, einer Theaterszenerie vergleichbar. Jeder nimmt alle möglichen Rollen an und verkleidet sich dementsprechend und übt und übt diese Rollen bis hin zur Perfektion, um dann eine andere Rolle zu wählen. Manchmal bleibt von der vorherigen Rolle ein Rest bestehen, weil es gut zu der nächsten Rolle passt oder weil es nicht ganz abgelegt werden kann. Denn in diesem Falle hat sich die

Rolle so fest in die Struktur des Erschaffers manifestiert, dass es ein anderes Erlebnis braucht, um es auszugleichen. Wir nennen es Reinkarnationszyklus. Ich erzähle dies hier nochmal zum einfachen, auch gefühlsmäßigen Verstehen: Du spielst Rollen, du legst sie dann wieder ab und nimmst eine neue an. All das tust du in Verbindung mit anderen Spielern. Und weil ihr so prächtig miteinander harmoniert habt, der Regisseur mit euch sehr zufrieden ist, beschließt ihr in den Pausen, das ist die Zeit, in der ihr auf deren anderen Seite des Schleiers in der astralen Ebene verweilt, mit den schon bekannten Schauspielkollegen ein neues Stück zu inszenieren. Ihr setzt ein Thema des Stückes fest, sucht einen Theaterraum aus, wo das Ganze stattfinden soll, und besetzt zum Schluss die Rollen dieses holografischen Spiels. Das ist der Weg eines jeden Pioniers, der sein Erfahrungsrepertoire mutig in dem System der Dualität spielt. Die Erde ist ein Planet dieses Systems und hat einen Spielplan, von dem der freie Wille das besondere Bonbon ist.

Der Regisseur dieses Spieles ist der Teil der verschiedenen Seelenanteile, der am Rande dieses großen Theaters wartet, bis der Beifall für den letzten Akt verhallt ist und alle Spieler diesen Schlussakt gebührend feiern. Er ist zwischendurch auch Souffleuse und flüstert seinen Anteilen kleine Tipps und Ideen zu, was jetzt zu spielen ist, falls jemand den Text vergessen hat. Aber er ist auch Spielleiter und leitet diese kleinen Theaterstücke, hilft, die Strukturen zu verstehen, und führt sanft bis ans Ende der Erfahrungsfahrbahn. Der

Regisseur hat zur Unterstützung andere Höhere Selbste, die ihre Anteile ebenfalls ausgesandt haben. Und der Regisseur hat auch seine eigenen höheren Anteile, um dort Rat zu erfragen. Die vielen anderen geistigen Wesen auf der gleichen Schwingungsebene sind auch da, um bei diesem besondern Spiel mit Rat und Tat behilflich zu sein. Alle sind sehr interessiert und gespannt, wie welcher Seelenanteil auf was wie reagiert.

Es gibt auch Seelen, die nur wenige Leben auf diesem Planeten verbringen. Das liegt daran, dass sie sich nicht so tief in die Illusion haben hineinführen lassen oder sie wählten lediglich ein paar wenige Theaterstücke, in denen sie alles unterbrachten, was zu spielen war. Aber derer gab es wenige. Jetzt ist allerdings eine völlig andere Zeit. Seit 1987, der *Harmonischen Konvergenz*, haben alle alten Seelen eine Saisonkarte bekommen. Das heißt, sie spielen in *einem* Leben ein vielfältiges Repertoire durch. Das, was sonst in vielen Stücken hätte gespielt werden sollen, erledigen sie in einem Stück, das eine Saison andauert. Anders gesagt: Der Mensch, der erwacht, kann in diesem Leben all das abspielen, was er sonst in vielen Leben getan hätte. Damit verbunden ist auch, dass der Spielplan beendet wird. Und die noch interessantere Nachricht ist: Durch diese intensive Spielweise und deren hohe Spielintensität haben auch andere Seelenanteile, die noch nicht so lange hier sind, die Chance, einen ähnlichen Weg zu gehen. Ist das nicht wunderbar? Der Spielrahmen ist verändert. Alle Menschen auf der Erde haben die Wahl, sich an dem intensiveren Spielplan zu orientieren.

In den anderen Ebenen, die eine höhere Schwingung besitzen, ist der Strom der Einheit der Regent und das, was ihr als Gut und Böse kennt, kommt dort nicht vor. Sich dies vorzustellen, ist nicht einfach. Wollen wir nochmals ein bisschen mit dem Gefühl jonglieren? Entspanne dich und begib dich in ein Gefühl von gut. Fühle, wie es ist, wenn etwas für dich gut ist. Erzeuge ein Gefühl für gut. Spüre es ausführlich mit allen Facetten. Nun fühle etwas, was du als schlecht empfindest. Gehe ganz in das Gefühl von schlecht hinein und spüre es mit allen Facetten. Dann vergleiche die beiden Gegensätze. Sie sind für dich sicherlich immens. Aber ich sage dir, dass das Gefühlte nicht zwei verschiedene Dinge sind. Sie sind lediglich die zwei Seiten einer Sache. Was du hier fühlst, sind Emotionen, die mit Erfahrungen zusammenhängen. Ohne deine hier gemachten Erfahrungen in der Dualität könntest du gut und böse nicht unterscheiden. Sie sind nur erfühlbar durch abrufbare Emotionen, die wiederum mit Gedanken verbunden sind. Das sind die Spielsteine des Erdenspiels. Ohne diese Steine gäbe es das alles nicht. In den höheren Ebenen deines Seins konntest du dir nicht vorstellen, wie es ist, gut und böse fühlen zu können. Das ist der Grund, warum du die Erde und die anderen Planeten besucht hast.

Deine gesamte Erderfahrung ist ähnlich der Qualitätsstufen von Theaterstücken. Wenn du dich daran erinnerst, wie man in der Schule oder wie deine Eltern versuchten, dir die Künste näher zu bringen. Weißt du noch, wie man dich ganz langsam an die Werke heranführte? Einfache Verse, leichte Musik, dann wurden dir philosophisch stärkere Kost und schwere Musik angeboten, so wie du es verstehen konntest. Man hat dich langsam und leicht an diese tiefen Werke herangeführt, so wie du es verstehen konntest. So ist es auch mit den menschlichen Erfahrungen. Du wurdest zur alten, weisen Seele, was bedeutet, dass du viele Erfahrungen hattest. Du wurdest zuerst langsam und sanft aus den hohen Schwingungen des höheres Kernanteiles von dir auf der Erde platziert. Das war eine Erfahrung, die noch mit dem Bewusstsein geschah, dass du wusstest, wer du bist, und dass es lediglich eine besondere Abenteuerreise ist, die du machst. Dazu musst du auch den Zyklus der Erde bedenken, der spielt eine große Rolle. Bedingt durch ihre Umlaufbahn um die Sonne und in dem Sonnensystem sind die Bewusstseinsstände der Menschheit unterschiedlich. 26.000 Jahre sind notwendig, um einen Zyklus von der Unbewusstheit bis zur Bewusstheit zu durchlaufen. In diesen Zyklus sind alle Seelen eingetaucht. Es gibt nur wenige Seelenanteile, die nur ein paar Leben hier verbringen. Die meisten kommen oft wieder, sie werden süchtig. Ja, das ist der richtige Ausdruck dafür. Sie werden süchtig nach dieser Art, sich zu erfahren, und gehen immer wieder in einen menschlichen Körper hinein. Das Bemerkenswerte ist, dass sie selbst auf der astralen Ebene, wo sie hinkommen, wenn sie ein Leben beendet haben, den Bereich wählen, der für ihren „Sucht- und Schlafzustand", so will ich ihn nennen, angemessen ist.

Ich möchte dich bitten, dir diesen Vorgang nochmal mit dem Gefühl zu vergegenwärtigen. Ich weiß, dass dieses Buch auch die lesen, die das alles schon wissen. Nur zwischen Lesen und Aufnehmen und es dann Sich-Vergegenwärtigen und es leben, ist meist ein großer Unterschied. Es wird viel in Büchern und im Internet gelesen, der Mensch ist süchtig nach Informationen, das ist einer der wegweisenden Charakterzüge der heutigen Menschheit. Wissen, noch mehr Wissen ist gewollt, doch meist kann dies gar nicht verdaut werden. Es braucht Zeit, um es wirklich mit allen Ebenen des Seins zu verarbeiten. Und die Informationen, die früher als Geheimwissen galten, wie die Erde und ihr System funktioniert, sind seit circa 25 Jahren in vieler Ohren. Doch ist es im Alltag auch gelebt? Das ist die große Frage. Wenn du wirklich diese Erkenntnis leben kannst, dann brauchst du dir keine Sorgen zu machen, nicht wahr? Dann bist du dir im Klaren darüber, dass dieses Leben eines von vielen und dass der Tod lediglich ein Übergang in eine andere Ebene ist. Und dass du ein herrliches Lichtwesen bist, das auszog, hier Erlebnisse zu haben. Die solltest du mit all deinen Erkenntnissen mit Freuden genießen und nun dieses Wissen integrieren und dir sagen: „Ich lebe, und ich lebe ein herrliches Leben, ich bin in dieser Zeitschiene, um der Erde bei ihrem Übergang zu helfen. Wunderbar, was für eine Ehre! Ich lege alle meine alten Bewertungen ab und lebe. Das Leben ist wunderbar, obgleich es auch eine Illusion ist. Aber es ist eine wunderbare Illusion, die ich von Herzen annehme." Das Ganze unterlegst du dann noch mit einem herzlichen Lachen. Wenn du soweit bist, dann hast du verstanden, worum es hier geht. Wenn du aber noch sagst: „Aber ich hab doch so große Sorgen. Ich hab kein Geld, ich bin allein, ich bin krank und so weiter", dann hast du das ganze System noch nicht recht verstanden beziehungsweise nicht wirklich integriert. Verstehst du, wie ich das meine? Es gibt nichts, was dich wirklich so sehr beeinflussen sollte, dass du gut und böse weiterhin lebst. Das ist doch das Besondere an dieser Zeit: Die Schleier werden gelüftet, nichts mehr ist geheim, der Mensch hat die Chance, alles zu erkennen, um dann den Zyklus hier abzuschließen oder sich zu entscheiden, bei dem Aufbau der neuen Erde mit anzupacken. Und wer noch ein bisschen weiter Theater spielen will, wählt einen anderen Planeten. So ist es.

Während dieses Zyklusses agiert der Mensch in verschiedenen Rollen, wie schon beschrieben. Und die sind so aufgebaut, dass ein jeder alles spielt. Die Leben in den verschiedenen Epochen der Erde sind unterschiedlich wählbar. Da das Konstrukt Zeit auch eine Illusion ist, laufen alle Zeitschienen auch nicht hintereinander ab. Es geschieht alles gleichzeitig. Es gibt demnach viele Erden. Diese Erden werden sich langsam ineinander schieben und so zu einer

Erde werden. Das ist die Beendigung des Spielplanes Dualität, Reinkarnationserfahrung. Die Erde geht in eine völlig andere Schwingungsebene, wo all diese Spielplandoktrinen überflüssig sind. Kannst du das auch fühlen? Wie fühlt es sich an, völlig ohne diesen Plan zu sein? Komisch, nicht wahr? Du überlegst dir vielleicht sogar: „Wie ist es möglich, ohne Wertung zu leben? Wie fühlt es sich an, nicht mehr etwas gut oder böse zu finden? Was ist dann? Wie ist so ein Leben? Wie bin ich dann selbst?"

Wenn du Lust hast und dir die Zeit nehmen möchtest, dann gehe bei Gelegenheit in die Situation hinein, die ist, wenn du auf der Erde in der höheren Dimension bist und keine Wertigkeit mehr lebst. Wie fühlt sich das an? Es ist wie eine ungewohnte Stille, ein Hauch von Unendlichkeit. Du wirst ebenfalls bemerken, dass dein Herz sich völlig anders anfühlt. Es ist weit, sehr weit und offen. Und es fühlt sich auch so an, als könntest du im wahrsten Sinne des Wortes die Welt umarmen. Du hast ein völlig anderes Lebensgefühl. Du hast viel Kraft, du könntest die sprichwörtlichen Bäume ausreißen und in dir besteht der Wunsch zu erschaffen. Du hast außerdem die Idee, das mit anderen zu teilen. Du möchtest nichts allein bewältigen müssen. Du weißt, dass es andere wie dich gibt, die ähnlich fühlen und die auch den Wunsch haben, gemeinsam die neue Erde zu erschaffen. Es ist unbeschreiblich, was du erfühlst, wenn du probierst, ohne gut und böse zu leben. Wundervoll wäre, du würdest dieses Gefühl in dein jetziges Leben integrieren.

Jetzt ist die Zeit, dieses Leben als das anzusehen, in dem alles möglich ist. Pioniere, und du bist einer, sind dafür da, das einzuleiten, was für die Nachkommenden den Weg offenbart. Du bist der oder die, die wissen, die Erde verändert sich, und es gibt viel zu tun, dies zu unterstützen. Du weißt auch, dass es wirklich keine Geheimnisse gibt. Du weißt theoretisch, wie du erschaffen kannst, wie du der Illusion von Gut und Böse entkommst, du hast nur noch Hemmschwellen und Angst, es könnte etwas schief laufen.

Schauen wir noch einmal kurz zurück. Und auch da bitte ich dich, mir gefühlsmäßig zu folgen. Wer bist du wirklich? Beschrieben habe ich es in diesem Kapitel, eigentlich wusstest du es sowieso schon, weil du ja nicht nur dieses Buch gelesen hast und das Internet dir sicherlich auch ein guter Informator war. Und Seminare hast du sicherlich auch besucht. Du bist somit bestens informiert. Aber weißt du wirklich, wer du bist? Wenn du es weißt, dann lebe es. Lebe bewusst die Dualität, dann löst sie sich auf. Ja, wirklich. Werde dir bewusst, dass du Gut und Böse lebst, dann löst es sich auf. Schaue zurück: Einige von euch haben diverse Reinkarnationstherapien gemacht. Wieder andere können sich sofort in andere Zeitschienen versetzen, um zu schauen, wer sie dort sind. Das ist alles sehr lobenswert, und ich sage dir: Das hast du prima gemacht. Aber was nützt es dir nun? Du warst der sanft herabgestiegene Anteil einer Seele, die auszog, sich hier neugierig umzuschauen. Du warst der Hirte, der Lehrer, der Asoziale, der Mob, der

Priester, der Magier, der Hinrichtende, der Vergewaltiger, die Mutter, der Vater, das Kind. Du hast geliebt, gerichtet, geflunkert, getötet. Du warst das gute und das schlechte Kind, du hast verraten und treu gedient. Ja, das sind alles deine Leben. Du warst der einsame Samariter und entwickelst dich nun zum weißen Ritter. Ein weißer Ritter ist der, der immer da ist, wo er sein soll, stets bereit, das zu tun, was ansteht. Er sieht meist nicht nach links und nach rechts, lässt sich nicht irritieren von dem äußeren Geschehen. Er lebt nach den Maßstäben: Ich bin ein Teil von Gott, ich bin jetzt hier auf der Erde, um zu dienen. Ich bin ein Werkzeug meines Höheren Selbstes und deren Höheren Selbste. Ich diene der gesamten Schöpfung, und ich bin jetzt hier, um der Erde bei ihrem Aufstieg zu helfen. Ich bin voller Vertrauen.

Das Wort *weißer Ritter* beinhaltet viel von Klarheit und von jemandem, der auszieht, um zu kämpfen. Der Kampf läuft nun allerdings auf eine andere Art ab, als der Ritter impliziert: Die Waffen der Dualität werden gestreckt, es wird ein Kampf mit dem Herzen. Denn aus dem Herzen gelebt und gekämpft, wird immer das Höhere siegen, das, was im Lichte Gottes steht, und das ist außerhalb der Dualität.

Sei noch am Rande bemerkt, dass du auch dir selbst ein weißer Ritter sein solltest. Strecke deine Waffen, die dir stets vermitteln, du seiest nicht gut genug. Viele Menschen bekämpfen sich selbst. Ein sehr einsamer Kampf, und er ist nicht zu gewinnen. Der Sieg liegt in der Erkenntnis, dass du Gott in Schöpfung bist. Liebe alle deine Schöpfungen der vielen Leben, gib ihnen deinen Segen und integriere sie sanft und liebevoll.

Kann ein Mensch einem anderen den Weg zu Gott vermitteln und ebnen?

Die meisten der Leser/innen werden die Kapitel dieses Buches nacheinander lesen. Das ist empfehlenswert, weil dieses Buch nicht einfach nur ein weiteres unter vielen ist. Damit möchte ich die anderen nicht schmälern. Ich sehe die, die meinen Ruf, etwas sonderbar und von mir eingenommen zu sein, bestätigen wollen, die sagen: „Ja, ja, so ist er. Immer eine Spur arrogant und von sich eingenommen." Ach, ich lass meinen Ruf einfach so stehen, wie er ist. Könnte es sein, dass es bewusst so gemacht ist? Könnte es sein, dass ich damit die menschlichen Charaktereigenschaften aufzeigen möchte? Und könnte es sein, dass es ein Lockmittel ist? Ich arbeite hochmodern, wie die Medien, die ihr so oft beachtet: Sie locken euch nicht nur mit schönen Dingen, sie geben euch oft Erlebnisse zum Aufregen, um euch dann zum Bewerten zu verleiten. Woraus dann vielfach das Überwechseln zu Ersatzbefriedigungen entsteht. Man holt sich etwas Schönes, um sich nicht mit diesen schlechten Dingen zu identifizieren.

Nun, wenden wir uns wieder dem Buche zu. Ich erlaube mir zu bemerken, dass diese vielen Worte in hohe Energie gepackt sind und alles zusammen einem kleinen Einweihungsweg gleicht. Du gehst mit mir einen besonderen Pfad. Ich erlaube mir, deine Hand zu nehmen und dich zu führen. Die Worte und Energiepakete arbeiten an deinem Körpersystem und bringen einiges in Gang. Das beinhaltet, dass du auch aufgewühlt wirst, und manchmal fühlst du dich auch wohlig und verstanden. Dann zeigt sich dein Körper möglicherweise mit ein paar kränklich erscheinenden Problemen: Hüsteln, Schluckbeschwerden, Schnupfen, der plötzlich unerklärlich auftaucht. Vielleicht spürst du deine Leber und deine Nieren arbeiten. Frauen neigen dann auch gern zu Blasenbeschwerden. Knie beginnen zu knacken, der Kiefer fängt an zu arbeiten. Es geht dabei immer um das Ausscheiden der Erfahrungen, die ich verschlüsselt anspreche, die hochkommen und sich dann entfernen. Sie werden ausgeleitet oder integriert. Das Herz könnte auch ein bisschen stärker pochen, bei einigen fühlt es sich so an, als wollte es sich verkrampfen. Dies bezeugt ein starkes Arbeiten an dem Herzchakra und an den im Emotionalkörper gespeicherten alten Erfahrungen. Du bist hier in einem Heilungsprozess. Dieser Prozess beinhaltet eben alle Formen der Entwicklung eines Prozesses. Zwischendurch legst du dieses Buch vielleicht beiseite, um es später weiterzulesen. Das ist dann sicher sinnvoll. Einige werden es in einem Rutsch durchlesen. Das ist auch in Ordnung. Es scheint so, als würde das Saint Germain-Buch leichte Kost sein. Viel schon Bekanntes beinhaltet es, gespickt mit neuen Informationen. Es ist einfach formuliert und somit schnell gelesen, es braucht, so scheint es, keine große Aufmerksamkeit. Oder ist das nur Schein?

Wollen wir ein kleines Experiment machen? Schließe das Buch. Schließe auch deine Augen, und dann schlag' eine Seite dieses Buches auf. Halte die Augen geschlossen und gehe ins Gefühl. Lege eine Handfläche auf eine der beiden Seiten und fühle. Na, das ist aufregend, nicht wahr? Da kommt Energie in deine Hände geflossen oder ein Gefühl des Wohlseins geht durch deinen Körper, oder ein Aufgeregtsein durchströmt jede deiner Zellen. Und vielleicht kommt ein Wohlgefühl in dein Herz. Oder es beginnt wohl stärker zu pochen. Das ist die Energie der aufgestiegenen Wesenheit Saint Germain, gepaart mit den göttlichen höheren Energien, die du jetzt brauchst. Denn die sind individuell für einen jeden Leser. Spannend, nicht wahr? „Ist so etwas möglich?" fragst du dich vielleicht. Aber ja, das ist wahre Interdimensionalität. Nun genieße bewusst noch einen Moment diese Energie und dann lies gerne weiter.

Wir wollen nun das Thema dieses Kapitels beleuchten. Kannst du für andere Menschen Verantwortung übernehmen, indem du ihnen den Weg zurück nach Hause, zu Gott aufzeigst? Kann ich als Saint Germain so etwas tun? Nein, ist die klare Antwort. Ein jeder Mensch, das gehört zu diesem Planeten, hat den freien Willen. Jeder entscheidet ganz allein, was er möchte. Obwohl das nicht ganz stimmig ist, denn fast alle Menschen entscheiden ihr Leben immer noch aus Paradigmen, die mit alten Erfahrungen verbunden sind. Wenige erschaffen bewusst aus der Zeit der Nullenergie, der Qualität der Stille und Reinheit. Das ist das Ziel. Wenn sich ein Mensch auf den Weg macht, zu erkennen, wer er ist, unterstützt durch die Entwicklungen dieser Zeit hier auf der Erde, kann er das auf vielerlei Weisen tun. Nicht viele lesen so etwas wie dieses hier. Einige werden sogar die Nase rümpfen und es wahrscheinlich als esoterischen Unsinn abtun. Nun glaube ich, dass es nicht so wichtig ist, wie man erwacht. Du denkst vielleicht, nur weil dein Freund sich nicht für diese Themen interessiert, sei er nicht spirituell. Doch weit gefehlt. Ich habe seinerzeit als der Graf viele Menschen um mich herum gehabt, und durch viele kleine Begebenheiten sah ich, wie sich einige für die Göttlichkeit öffneten. Das geschieht oft durch die Berührtheit in einer Situation. Nehmen wir an, ich hatte einen Beobachter bei alchemistischen Prozessen. Es war das meist ein Interesse an den Dingen der Transformation, eben dieses Blei in Gold zu verwandeln. Aber während dieser Arbeiten war es oft die Faszination der göttlichen Kraft, die dabei frei wird, die einige auf den Weg brachte. In der Natur ist ein tiefer Schlüssel zu den Mysterien verborgen. Wer sich mit der Schöpfung Natur beschäftigt, geht in die Tiefe der Schöpfung selbst. Man kann durch die Stille, in der man beobachtend weilt, durch Gerüche und Geräusche einen tiefen Einblick in die Welt der göttlichen Wunder bekommen. Das Lachen eines Kindes kann verhärtete Herzen öffnen. Ein Schlüssel sind natürlich auch die Kinder der heutigen Zeit, die meist schon ganz anders auf die Erde kommen. Sie haben viele der alten Muster transformiert und sind sogar oftmals nur für eine Inkarnation auf dieser Erde. Sie sind die ausgesandte besondere Sternensaat, deren Aufgabe es ist, immer dann, wenn ein Planet aufsteigt, zu kommen und behilflich zu sein. Sie streuen ihr Licht in die Ecken, wo es besonders dunkel ist, und das tun sie meist mit großer Aufmerksamkeit, was nicht immer geehrt wird. Manche von ihnen erscheinen als Träumer und als „Spätzünder". Wer sie beobachtet, sieht, dass sie eigentlich nur mit einem Teil hier unten angekommen sind. Sie sind zudem damit beschäftigt, Lichtlinien zu verankern. Sie sind ein Schlüssel zum kristallinen Netzsystem, dass das Bewusstsein der Menschen beinhaltet. Sie heben es an mit ihrer Klarheit und Liebe. Auch sie sind die Öffner der Menschen. Es gibt also viele Möglichkeiten zu erwachen. Und all diese aufgezählten Schlüssel sind dafür angebotene Werkzeuge.

Jeder Mensch entscheidet ganz allein, ob er diese Schlüssel benutzen will oder nicht. Es macht keinen Sinn, Menschen missionieren zu wollen. Es ist eher ratsam, einen jeden für sich selbst gehen zu lassen. Die Präsenz derer, die erwacht sind, ist wie ein großes Spinnennetz, das sich weiter und weiter auswebt. Irgendwann hat jeder Mensch einen Berührungspunkt dieses Netzes in seiner Nähe und die

Chance, sich in die Energie einzuklinken. Und das Verrückte ist, die Informationen, die dann fließen, fließen wie von selbst und suchen sich ihren Weg auf ihre Art und Weise. Und wenn's ein Buch wie dieses ist, ein Seminar oder ein altes Werk über Astronomie oder Astrologie. Egal ist, was aufhorchen lässt, Hauptsache, es geschieht.

Blicken wir noch ein bisschen weiter in die Zukunft, so sehen wir, dass sich ein jeder für diese Thematik öffnen wird, aber vielleicht über neue Energie-Programme, über Kindererziehung, über Ideen für eine Entsorgung der Atomkraft. Irgendwann spürt jeder Mensch, dass er nicht allein ist. Vielleicht mit einer besonderen Erfahrung wie dieser: „Ich spüre, das, was ich eben gesagt habe, ist nicht direkt von mir. Ich wollte das gar nicht sagen. Und ich wollte bei der Besprechung eben auch nicht aufstehen und Wortführer werden. Es kam einfach über mich." In diesem Fall hat der Mensch die Präsenz Gottes in sich angezapft. Oder besser gesagt, Gott konnte durchkommen. Dann ist der Mensch infiziert vom Göttlichen Licht und wird weiter diesen Weg beschreiten. Und dann wird er vielleicht irgendwann ein Buch wie dieses in die Hand nehmen. Intelektuelle Menschen, und das sind oft die Männer, kommen über neue Erfindungen, neue Ideen, wie man Autos bewegen könnte, oder andere energie- und geldsparende Ideen an die göttliche Kraft. Vielfach ist der Weg zu Gott über die Quantenphysik zu beobachten. Wenn ein Mensch dadurch erkennt, dass Wissenschaft ohne die Gotterkenntnis nicht funktioniert, ist ein wichtiger Schritt getan. Bei Wissenschaftlern und Experimentierenden und deren Leserschaft geschieht das oft, wenn ein Gefühl der Demut nach etwas Gelesenem auftaucht – die Erkenntnis, wie wunderbar doch alles von Gott und Göttin arrangiert ist.

Wenn man sich aufmacht, andere missionieren zu wollen, ist das meist eine Sache des Egos. Wir alle haben irgendwann den Punkt in unserer Entwicklung erreicht, wo das Ego, so sage ich immer gern, spirituell werden will. Es schickt sich an, das Wissen, das es erfasst hat, nach außen tragen zu wollen. Du kennst das sicher auch von dir oder anderen in deinem spirituellen Umfeld. Wenn jemand nicht aufhören kann, von seinen Erlebnissen und Erkenntnissen zu erzählen. Oft spürt man dann, dass derjenige denkt, er sei etwas ganz Besonderes. Das ist dann manchmal für die anderen fast unerträglich. Zuerst, weil es etwas aufdringlich ist, dann, weil es penetrant wird, und zum Schluss, weil man dann manchmal glaubt, der andere sei wirklich weiter entwickelt. Man vertraue in jedem Fall sich selbst am meisten! Aber zu dem Erzählenden möchte ich noch bemerken, dass die Phase, in der er meint, alle missionieren zu müssen, auch mit überheblichen Aspekten belegt sein kann, indem er überzeugt ist: Alle sollen doch gefälligst erwachen und sollen froh sein, dass er bereit ist, von seinen göttlichen Erfahrungen zu berichten. Sie dürfen gern davon trinken, sich daran laben, nachdem er davon überzeugt ist, dass er sich gnädigst zur Verfügung stellt. Das ist eine Phase, die fast alle Aufstrebenden erwischt. Jeder sollte sich dessen bewusst sein und beobachten, ob er da schon durch ist oder ob es noch bevorsteht. Meist ist diese Phase auch mit Erlebnissen gesegnet, die einen schnell wieder herunterkommen lassen. Also sei nicht beunruhigt über dich oder andere, das legt sich wieder.

Niemand kann einem anderen den Weg der Erkenntnis, dass in einem selbst Gott wohnt, und den Kontakt zu Gott abnehmen. Kein Mensch im Prozess kann den Weg für einen anderen gehen oder ebnen. Jesus tat das und andere große Eingeweihte; und das tun sie weiterhin im Geiste. Jeder hatte damals und heute die Chance, die Pfade aufzuspüren und als Hilfe in Anspruch zu nehmen. Aber alle Wege des einzelnen Seelenaspektes sind individuell und nicht zu pauschalisieren. Bewerte auch bitte niemandes Weg. Es hat alles seine Richtigkeit. Wir hier in den höheren Gefilden reichen euch die Hand und bieten euch, und das ist erst in dieser besonderen Zeit so offensichtlich, Hilfe an. Wenn du nur sehen könntest, wie viele Helfer da sind! Aber vielleicht hast du Lust, sie einmal zu spüren.

Was du vielleicht oft spürst, das kam eben auch bei dem Experiment mit dem Buchfühlen auf, sind geistige Umarmungen. Sie sind wie irdische, nur erfordern sie viel Vertrauen deinerseits, weil du sie ja nicht sehen kannst. Und der Mensch glaubt doch mehr dem äußeren Auge. Eine geistige Umarmung hat viel Kraftpotenzial, viele kleine Pakete der göttlichen Liebe, die wie Pflastersteine sind, die immer ein paar Meter vor dich hingelegt werden, um dir deinen Pfad aufzuzeigen und ihn zu ebnen. Ein paar Dornenbüsche sind am Rande auch gepflanzt, damit du spürst, wenn du auf Abwege gerätst! Es gibt allerdings auch Menschen, die glauben, die Dornen gehören zu allem dazu…

Erlaube mir nun, dich zu bitten, dich ganz dir selbst zu öffnen. Wer bist du? Ja, du bist ein Teil von Gott. Was tust du? Du bist dabei, auf der Erde als Meister zu wandeln. Du legst deine irdischen Kleider am laufenden Band ab, weil du in einem Moment der Meister bist, in dem anderen der Priester, der anderen hilft. Im nächsten Moment bist du die Mutter, die das Baby nährt, auch das innere. Dann bist du der Bettler, der sich von anderen Manna erhofft. Der Bettler symbolisiert auch die Demut, die in dir wächst. Demut über die großartige Schöpfung, die du selbst bist. Dann fragst du dich: „Welcher große Meister hat wohl dieses Konstrukt Körpersystem entworfen? Wer hat so minutiös dieses Gefährt konstruiert, das genial jede Facette des Lebens möglich macht?" Dann bist du der Macher, der nach außen hin alles erschafft und voller Energie ist. Dann bist du der Sterbende, der müde ist und die Erde verlassen will, weil vielleicht andere Abenteuer auf dich warten. Du bist in diesem Leben alles, was du schon einmal warst. Du erlebst viele Facetten des Seins in diesem einen Leben. Das geschieht oft unbemerkt, aber es ist deshalb nicht weniger intensiv.

Das beinhaltet auch, dass du Zugang bekommst zu allen deinen Qualitäten, die du gespeichert hast. Das ist die

Interdimensionalität, die sich dir offenbart. Du bist alles gewesen, du hast alle Möglichkeiten des Gut und Böse gelebt. Nun bleibt dir ein gemütliches Zurücklehnen, Resümieren, um liebevoll aus der Stille alle diese Qualitäten passend einzusetzen. Wohlan, beginne und versprühe alle deine Qualitäten in den weiten Raum. Und die, die erwachen wollen, werden daraus schöpfen und es als ihr Manna nehmen. Und das geschieht oft unbewusst für den Nehmer wie auch für den Geber. Es ist einfach da und wird verbraucht. Das ist die Hilfe, die du einem anderen geben kannst. Erwache noch mehr und viele andere erwachen durch dein Licht!

Was ist wahre Freiheit?

Die physische Umarmung und dazu auch die geistige Umarmung eines Menschen, der an einen anderen denkt, oder einer Sache ist das Prinzip, ganzheitlich zu leben. Man lebt diese Umarmung nicht nur physisch, sondern auch auf einer kraftvollen gedanklichen Ebene. Das geschieht immer dann, wenn du liebevoll an jemand anderen denkst. Vielleicht wünschst du ihm Glück bei einer Prüfung oder einer langen Reise. Vielleicht ist es ein neuer Schritt, den der andere allein gehen muss, bei dem du nicht helfen kannst, und du wünschst ihm dabei alles Gute, in der Hoffnung, dass deine Anwesenheit aus der Ferne genauso hilft, wie wenn du physisch dabei sein würdest. Genaugenommen ist es auch so. Ich möchte ein bisschen näher auf dieses Phänomen eingehen. Du denkst, nur deine körperliche Anwesenheit gibt Kraft. Könnte es möglich sein, dass die Kraft außerhalb des Körpers genauso stark wirkt, möglicherweise sogar noch stärker? Das hat etwas mit der Quantenphysik zu tun. Du arbeitest mit den göttlichen Gesetzmäßigkeiten. Verstehe mich bitte richtig: Ich möchte dir nicht empfehlen, jeglichen körperlichen Kontakt mit anderen einzustellen, um nur geistig zu agieren.

Das würde bedeuten, dass du die irdische Ebene negierst und nur die geistigen Qualitäten ausübst. Das wäre, als würdest du das Leben auf der Erde nicht wahrhaft leben. Und das gerade möchten wir hier oben aus den höheren Ebenen verhindern. Die Qualität des körperlichen Kontaktes, sei es direkt körperlich oder in der Aura (das ist fast wie körperlich), ist ganz wichtig, um das Leben hier zu meistern.

Mit dem spürbaren Kontakt über die Aura meine ich, dass du fühlst, wenn ein Mensch dir sehr nahe kommt. Du spürst ihn, obwohl er dich noch nicht berührt hat. Du fühlst ihn mit deinem ätherischen und Astralköper. Das sind die niederen Körper deines Körpersystems. Wer sich immer tiefer in die Gefühlswelt begibt und sich selbst erforscht, wird bemerken, dass er mit diesen Körpern auch sehr gut fühlen kann. Körperlich zu leben, ist wichtig, um die Erderfahrungen bis zum Letzten auszukosten. Ich spreche hier nicht mehr von den dualistischen Werkzeugen, die dich Kampfsituationen, Eifersuchtsdramen und sogar Mord körperlich erfahren ließen. Ich bin mir sicher, diese stark dualistischen Themen hast du bearbeitet, die musst du nicht noch mehr ausprobieren. Jetzt geht es mehr darum, zu verstehen, wie Dualismus auf allen Ebenen geschieht. Was und wie ist der Spielplan dieses Planeten? Was lässt dich immer wieder in Angstgedanken abdriften, und was stellt dein Selbstbewusstsein immer wieder auf die Probe? Was macht die abendlichen Gedankenstrukturen aus, die dich immer wieder übermannen, obwohl du eigentlich gern schlafen möchtest?

Ich möchte mit dir die geistigen Fähigkeiten ein bisschen näher beleuchten. Diese Fähigkeiten, die dich letztlich in die Freiheit geleiten. Ein jeder Mensch ist in seinen Strukturen hier auf der Erde gebunden. Das ist dieses Gedankenfeld, auch morphogenetisches Feld oder Akasha-Feld genannt. Du bewegst dich in diesem Feld. Du bist den ganzen Tag fest in diesem Feld verankert. Wenn du in einem sehr eng mit Menschen gefüllten Raum bist, dann kannst du fühlen, was andere denken, was sie erfahren haben, in welchen Strukturen sie noch festhängen. Du kannst es körperlich spüren. Probiere das einmal in den nächsten Tagen aus. Spüre auch, wie es sich anfühlt, wenn du spazieren gehst und jemand ganz nah hinter dir geht. Was fühlst du von diesem Menschen? Geht es ihm gut oder ist er sorgenvoll? Ist er leichtfüßig oder geht er schwer? Du kannst somit jeden Menschen auf seine Befindlichkeit hin prüfen, du kannst feststellen, wie er entwickelt ist und inwieweit er sich in das Spielfeld Erde noch tief einwickeln lässt. Das ist interessant, nicht wahr? Inwieweit bist du selbst noch in den Fängen dieses Spieles verhaftet? Wer oder was hält dich noch in den Fängen dieses Spieles? Ich möchte dir nicht raten, alles, was du lebst, zu negieren und spontan alles hinter dir zu lassen und zu entfliehen. Das macht keinen Sinn. Du solltest alles gut abschließen und in die Erkenntnis gehen, dass du Gott bist. Du bist ein Teil des großen Schöpfers, der auszog, materielle Erfahrungen zu machen. Sei dir dessen bewusst, lebe alles aus diesem Blickwinkel und erkenne in allem die Göttlichkeit.

Zu deinem besseren Verständnis möchte ich dir sagen, dass der alttestamentarische Gott nicht der höchste Gott ist. Darüber hast du dir sicher schon Gedanken gemacht. Der alttestamentarische Gott ist der, der straft und züchtigt. Er verlangt sogar Menschenopfer und andere „schlechte" Dinge von seinen Untertanen. Würde das ein wahrer, nur liebender Gott tun? Nein, ganz sicher nicht. Der alttestamentarische Gott ist ein Schöpfergott, der die Erde regiert. Es ist der materielle Gott der Erde. Er herrscht über diese Erde mit dem Plan, sie sich untertan zu machen. Wir wollen hier nicht die gesamte alte Göttergeschichte und deren Hierarchien beleuchten. Ich will dir nur vermitteln, aber das hast du dir sicher schon selber gedacht, dass der dort beschriebene Gott ein Außerirdischer ist, der über seine Schöpfungen, die menschlichen Körper, herrscht und befiehlt, was zu tun ist. Der kann strafen und andere Dinge tun, die er für richtig hält. Nun könntest du mich fragen, warum der höchste Gott dies zulässt? Ich antworte dir gern: weil es zu den Erfahrungen der materiellen Welt dazu gehört. Es ist der dunkle Teil, wie du es einordnen würdest, der die Dualität voll ausschöpft. Gott, der höchste Schöpfer, hat das so gewollt. Er hat den Wesen die Freiheit geschenkt, diese Erfahrungen zu machen. Irgendwann wird alles aufgehoben, weil Gott wieder einatmet und seine

Schöpfung, auch die der Dualität, wieder annimmt und somit in sich integriert.

Alle Religionen und sonstigen Lehren hier auf der Erde sind menschliche Konstrukte. Das mit dem alttestamentarischen Gott lässt sich selbstverständlich auch auf andere Religionen übertragen. Wer ist Shiva? Wer ist Osiris? Übrigens: Wenn du die wahren Hintergründe der Tempelritter und der Freimaurer anschaust, wirst du sehen, wie sie aufgebaut sind. Die hohen Grade und die Wissenden haben einen ganz einfachen Grundsatz. Sie erforschen die Geschichte der Erde und die göttlichen Mechanismen, die Gesetzmäßigkeiten, die auch mit dem Wissen von Energie verbunden sind. Wahre Mystik beschäftigt sich mit der Kraft der allumfassenden Göttlichen Energie, um die Kraft der Gedanken und um die Möglichkeiten, mit der astralen Ebene zu arbeiten, sowie die Geschehnisse auf der Erde zu beeinflussen. Magische Operationen, die in vielen Logen und Zirkeln, je nach Lehrlings- und Meistergrad, weitergegeben werden. Dabei spielt auch die dualistische Seite immer noch eine große Rolle. Die Kunst all dessen ist wahrlich, sich ganz aus dieser irdischen, materiellen Ebene zu befreien und sich den höheren göttlichen Ebenen zu öffnen. Der Weg der jetzigen Erde in dieser Zeitschiene ist es, sich mit den höheren Ebenen zu verbinden. Der Mensch geht jetzt diesen Weg. Er verwebt sich mit seinen eigenen höheren Anteilen, um sich dann sanft und mit Öffnung des Herzens, dort ist der Schlüssel für die eigene Göttlichkeit, zu verbinden. Das ist der Weg, der jetzt ansteht. Übrigens: Was die Logen und Freimaurer und auch die Priesterschaft aller Religionen und ähnliche Verbindungen anbelangt, muss ein jeder der hohen Ränge selbst bestimmen, wie er dieses göttliche Wissen einsetzt: zum Wohle seiner selbst, zu dem einer elitären Gruppe oder zum Wohle aller. Ich spreche hier von den Menschen, die, verbunden mit dem Gott des alten Testamentes, der natürlich immer noch die Materie bewegt, mit ihm zusammenarbeiten.

Freiheit bedeutet, sich zwar weiterhin hier auf der Erde zu bewegen, aber sich dabei des Plans und dessen Mechanismus bewusst zu sein. Man weiß, dass es hier auf der Erde Unrecht gibt, weiterhin, trotz der vielen Bemühungen, den Frieden herbeizuführen. Es gibt, wenn man sich nur auf der materiellen Ebene unbewusst der anderen Ebenen und Möglichkeiten wähnt, keine Möglichkeit, nur Gutes zu leben. Immer ist das Gute im Materiellen auch mit dem Bösen verbunden. Nur Gutes gibt es nicht. Das passt nicht in die Dualität. Also muss man die höheren Ebenen mit den materiellen verbinden, um einen Ausgleich von gut und böse zu finden, und die göttliche Hohe Kraft mit der irdischen verbinden. Stell dir das geistig einmal vor und fühle es. Siehe eine Waage mit den beiden Schalen und spüre, wie leicht man sie ins Ungleichgewicht bringen kann, indem man die eine Seite manipuliert. So ist das mit gut und böse. Eine Seite hat immer die Oberhand. Wenn nun die Göttlichen Gewichte dazukommen, dann kann es einen Stillstand und die Gleichheit geben. Fühle, wie die Gewichte, die jetzt dazukommen, einen Ausgleich schaffen. Ganz zum Schluss wirst du bemerken, dass sich alle Lasten auf der Waage und die Gewichte auflösen und die reinen Schalen übrig bleiben. Das Gleichgewicht ist ganz hergestellt, es scheint die normale Version zu sein. Es ist leer, unberührt, so wie der Mensch aus der Schöpfung kommt. Alles ist perfekt, nichts muss verändert werden. Fühlt sich das nicht wunderbar an? So ist es auch mit dem Weg des Menschen.

So beschreibt das gesamte Geheimwissen eigentlich den Weg der materiellen Schöpfung aus der göttlichen höchsten Instanz hinunter in die Materie und wieder zurück. Das ist wahre Alchemie: das Veredeln einer Substanz. Der menschliche Körper wurde erschaffen, um dem schöpferischen Geist die Möglichkeit zu geben, dualistische Erfahrungen zu machen. Die fragmentierte Seele schlüpft in einen Körper und macht so lange Erfahrungen, bis das Angelernte, die dualistischen Gewichte, wieder ausgeglichen ist und sie erfahrener dieses System der Dualität wieder verlässt.

Demnach erübrigt sich die Frage, warum der höchste Gott zum Beispiel die vielen Kriege und das, was du als Unrecht empfindest, zugelassen hat, oder? Warum hat die höchste Schöpferkraft dies zugelassen? Ganz einfach: Es ist der freie Wille einer jeden Seele, diese Erfahrungen zu machen. Sie hat es selbst gewollt. Sie hat sich entschieden, diesen großen Dienst für die höheren schöpferischen Ebenen zu tun. Sie hat eine Aufgabe bekommen. Die hat sie ausgeführt, wenn sie diese Ebene wieder verlässt. Es gibt somit aus den höheren Ebenen keine Wertung. Es macht auch keinen Sinn, irgendjemandem die Schuld dafür zuzuschreiben. Es macht wirklich keinen Sinn, die Außerirdischen der frühen Tage für all das Geschehene, für den Fall aus dem Paradies, wie immer dies wirklich geschehen ist, verantwortlich zu machen, denn es war sozusagen aus den höheren Ebenen abgesegnet. Die oberen geistigen Hierarchien ließen es auch zu, dass sich interstellare Kriege in den weiten dualistischen Systemen ereigneten und dass die Oberen der Planeten sich untereinander bekämpf(t)en. All das ist im Plan enthalten und wird sich irgendwann ganz auflösen. Dafür gibt es im Bereich der Dualität die Reinkarnation. Interessant ist und eigentlich auch ganz logisch: Auf den höheren Ebenen gibt es keine Bewertung. Da ist niemand erbost über diese Geschehnisse, höchstens darauf bedacht, in Liebe den neuen Weg der Erde zu unterstützen. Alles ist ein Erfahrungsschatz, der gewollt ist. Gott wollte und will sich immer wieder neu erfahren. Und du bist ein Teil dieses Plans.

Ich weiß, das Thema der Dualität bewegt jeden immer wieder aufs Neue. Denn man könnte leicht in Wut geraten und sich fragen, was macht man eigentlich mit mir? Inwieweit bin ich manipuliert? Wo bin ich noch frei und kann selbst entscheiden? Das sind gute Fragen. Die solltest du dir wirklich stellen. In der jetzigen Zeit wird vielen Seelenaspekten die Chance gegeben, wieder eng mit den höheren Ebenen zu verschmelzen. Das geschah früher nur sehr selten. Die Möglichkeiten waren nicht gegeben. Das Verschmelzen mit den höheren Anteilen ist ein Prozess der Liebe, des Vertrauens und des Glaubens. Es macht keinen Sinn, sich zu ärgern oder erbost darüber zu sein, wer was auf diesem Planeten mit einem anderen tut, wo die Ungerechtigkeit und die Hungersnöte liegen und wo Raubbau an der Erde betrieben wird. Ein jeder hier auf der Erde ist freiwillig hier. Er hat sich für diesen Weg, hier zu sein, entschieden. Auch wenn das nicht immer logisch zu erfassen ist. Und alles, was hier geschieht, ist Teil eines höheren Planes. Nur hat dieser Plan Varianten, und das ist der freie Wille.

Schau doch einmal genau hin: Eigentlich hat jeder Mensch die Chance, den Fernseher auszumachen, die Informationsquellen zu beschränken und selbst zu folgern und zu ergründen, warum er wirklich hier ist, oder sich weiterhin erzählen zu lassen, wie ein Mensch zu leben hat. Betrachte diese Idee einmal mit einem Göttlichen Auge und sei dir deiner selbst bewusst. Wann immer du Sorgen hast, besieh sie dir von oben und gehe ganz ins Gefühl. Woher stammen diese Sorgen und was machen sie mit dir? Sind sie aus alten Mustern aufgebaut, aus Anerzogenem und Ähnlichem? Lass dich nicht beirren. Schau genau hin und fühle es. Was willst du wirklich leben in diesem Leben?

Wo liegen deine Prioritäten? Zwangsläufig wirst du zu dem Schluss kommen, dass eigentlich nichts wirklich wichtig ist, du wirst langsam den Schlüssel des wahren Seins erfassen: Es ist die allumfassende Liebe, der Stoff, aus dem alles gemacht ist. Und der Schlüssel ist die Umarmung von allem, was ist. Wenn du dich umarmen kannst, dich selbst, dann bist du auf dem richtigen Weg. Wer sich selbst immer wieder umarmt, der weiß, wie gut sich das anfühlt. Willst du es gleich mal probieren? Ich weiß, es ist nicht so einfach, sich selbst zu umarmen. Aber probiere es trotzdem. Streichle deine Schultern und deine Arme und dann fühle tief in dich hinein, wie gut sich das anfühlt. Du wirst Regungen in deinem Herzen spüren. Genieße es! Es ist der Gott in dir, den du immer näher fühlst, während du dich umarmst.

Gehen wir einen Schritt weiter, gehen wir zur geistigen Umarmung. Wann immer du Zeit hast, umarme etwas im Geiste. Fangen wir einmal bei deiner Umgebung an. Umarme deine Kinder, deinen Partner, deine Wohnung, deine Arbeit, deinen Nachbarn. Umarme alles im Geiste, was dir in den Sinn kommt. Bitte auch das, was dir unangenehm ist, das, was du nicht gern magst. Erweitere es, wenn du bei dir bist, auch mit den Geschehnissen von dir, die du am liebsten vergessen würdest. Diese Erlebnisse, die mit Scham verbunden sind. Umarme sie und dann schau mal, was passiert. Es löst sich bei jeder neuen geistigen Umarmung ein Stückchen weiter auf. Es ist irgendwann nicht mehr da. So kannst du dich immer mehr von deinen dualistischen Erfahrungen befreien. Und wenn du das weiter im Alltag tust, werden alle Begebenheiten sofort mit der Kraft der göttlichen allumfassenden Liebe geebnet. Das ist ein Schlüssel zum Auflösen der dualistischen Erfahrungen, zu deren Ausgleich wie bei der Waage, und gleichzeitig gibt deine höhere Instanz bei dieser geistigen Umarmung ihren Segen und ihre hohe Energie zum Ausgleich. Das schafft eine Verbindung von der materiellen zur höheren Ebene, zum göttlichen neutralen Strom. Der Strom, aus dem wir alle erschaffen sind. Ist das nicht wunderbar?

Vom Egoismus oder dem zweifelnden Krieger

Es macht Sinn, dieses tägliche Einerlei, das ein Mensch in diesem Hamsterrad Erde durchlebt, noch ein bisschen mehr zu durchleuchten. Das Problem an der Sache ist, dass man trotz des Wissens, dass es anders geht – denn viele Philosophen haben ja ausführlich darüber berichtet – aus diesem Rad nicht herauskommt. Man kann sich vielfach damit beschäftigen, das geschieht bekanntlich in Form von Lesen oder Diskutieren mit anderen Menschen. Man kann sich ganz zurückziehen in ein stilles Kämmerlein und an sich arbeiten, zumindest so, wie man glaubt, dass es ginge. Letztlich ist es oftmals wieder so, wie die Hamster es tun: Sie drehen sich immer wieder im Kreise der Wiederholung. Wiederholung heißt, einen Vorgang wieder und wieder zu machen, weil man es nicht besser weiß, beziehungsweise das Wissen schwer umsetzbar ist. Manchmal verpacken sich diese Wiederholungen auch in einem anderen Kleide, sodass man es nicht gleich erkennt. Das geht auch meist mit bestimmten Emotionen einher. Man schimpft und wettert über die Dummheit von anderen oder einem selbst, oder man begibt sich in die Traurigkeit und beginnt über das eigene Leid zu weinen. Wie gut ich das alles kenne, nicht wahr? Ich sehe deine vergossenen Tränen in der dunklen Stube des irdischen oder psychischen Daseins. Ich weiß, wann du vor Wut mit dem Bein gegen eine Tür getreten hast. Ich sehe die Beschimpfungen und anderweitigen Belastungen, mit denen du andere bedacht hast. Ich sehe weiterhin deine Unsicherheit, ob denn das alles so richtig ist, was du tust. Ich sehe deine Skepsis gewissen Büchern, Internetnachrichten, Channelings und anderen Informationen gegenüber, die ungeschützt, manchmal auch verschlüsselt dein Feld zieren. Ich sehe sie. Ich weiß, wie du versuchst, die Gedanken der Struktur Erde zu durchdringen.

Eines kann ich dir aus eigener Erfahrung versichern: Mit roher Gewalt geht gar nichts. Mit Wut auch nicht und mit Betteln und Flehen ebenso nichts. Du bist selbst der Herr deines Lebens. Ich kann das nicht oft genug sagen: Niemand bestimmt dein Leben. Richtig ist, dass es Wesen gibt, die hier auf der Erde Hierarchien halten, die dem Gott der Materie dienen, die versuchen, die Menschheit im Strom der Pflicht und Arbeit, Gläubigkeit und Lethargie zu halten. Sie wollen, dass die Menschen beschäftigt sind und sich nicht mit dem göttlichen Wissen auseinandersetzen. Das ist immer noch so und wird noch eine Weile so sein. Die Kunst ist, sich zu recken und zu strecken, die eigene Größe zu erkennen und sich mithilfe des Herzensschlüssels von allem zu befreien, was nicht das Eigene ist. Die Frage ist folglich: Was ist das Eigene? Was gehört wirklich zu mir selbst, was gehört den anderen? Dies zu erkennen, ist eine einfache, wenngleich auch schwer verständliche Antwort, die ich gern geben möchte: Alles bist du, denn wenn du das Erdfeld und alle hier lebenden Wesen, ob Pflanze, Tier oder Mensch, als *eins*, als *ein* Feld bezeichnest, dann bist du für alles verantwortlich. Verrückt, nicht wahr, du sollst für die Straftaten der anderen verantwortlich sein? Gibt es so etwas? Aber ja. Du kannst gar nicht allein agieren, du bestimmst immer das Leben der anderen mit. Du hast mit Schuld an allem, was geschieht, auch an den Taten der Priesterschaft, die sich jetzt ihren Vergehen stellen müssen, dem Ölunglück in Mittelamerika, dem Tod des Nachbarhundes, dem verlorenen Fußballspiel und dem Gefangenhalten von Straftätern. Du bist für alles mitverantwortlich, was geschieht.

Alles ist mit in deiner Verantwortung. Wenn der Mensch das einmal erkannt hat, dann wird er sich überlegen, was er mit seinen Gedanken tut. Lässt er sie zu oder formt er sie um? Erlaubt er den sogenannten bösen Gedanken, weiterhin sein Feld zu belasten, oder gibt er ihnen seinen Segen, schenkt ihnen eine Umarmung, um sie in das Feld der Liebe zu nehmen und somit umzuformen? Wer das versteht, wird am Frieden auf Erden bewusst mitarbeiten. Der wird durch neutrale oder umgeformte Gedanken und einen großen Schub Gottesliebe die Geschehnisse auf der Erde verändern. Das ist es, was jetzt auf der Erde geschieht, immer mehr geschieht und durch nichts, auch durch keine Machthaber, aufgehalten werden kann. Unsere Aufgabe, die der höheren Meister, ist es, euch das in vielen Formen klarzumachen. Immer wieder werden wir es euch sagen, durch viele Medien und Lehrer, die dies auf unterschiedliche Art und Weise vermitteln. Vielleicht auch durch althergebrachte. Die lieben Menschen, die sich der New Age-Bewegung anschließen, die von Lichtarbeit sprechen und sich damit auch oft in die Zwänge der Dualität begeben, werten noch oft und drücken selbst dieser schönen Arbeit einen Stempel auf. Wenn Menschen den alten Pfad der Lichtfindung gehen oder religiöse innere Wege, dann mag das altbacken erscheinen, aber das ist auch in Ordnung. Wichtig ist nur, dass es der innere, geheime Pfad ist, der mit äußeren Ritualen wenig gemein hat. Man kann Mudras, Mantren und viele Rituale, die man schon lange benützt, weiter verwenden, aber eigentlich ist das nicht mehr nötig. Doch das entscheidet jeder Mensch für sich.

Gott, der wahre, hohe Gott, schreibt nicht vor, wie man ihn erreichen kann. Er freut sich über jeden Schritt, den ein Schüler auf dem Weg der Selbstfindung geht. Doch in der neuen Zeit sind alle Tore zum Himmel geöffnet. Jeder hat die Möglichkeit, sich eine Leiter reichen zu lassen und sie zu besteigen. Manchmal führt eine Leiter zu einer Zwischenstation, die noch mit dualistischem Gefieder geschmückt ist und nicht gleich erkennbar die Illusion vermittelt. Dann nimmt man eine andere Leiter oder eine andere Stufe, um einen neuen Weg einzuschlagen. Tür und

Tor stehen offen, die Initiationen sind überall. Sie verstecken sich im täglichen Leben in der Begegnung mit deiner Mutter oder deinem Vater, irgendeinem Menschen, mit dem du nicht im Reinen bist. Sie verstecken sich auch im Straßenverkehr oder beim Kaufmann. Überall hat der heute lebende Mensch die Chance, sich zu veredeln. Ich halte es für überspannt, wenn Menschen meinen, sie müssten sich über andere erheben, indem sie glauben, sie seien einen Schritt weiter in der spirituellen Entwicklung. Ist das nicht sogar dümmlich? Wenn doch wirklich alles mit allem verbunden ist, wie wir eben sahen, dann macht es keinen Sinn, sich als davon getrennt zu sehen und sich als besser oder schlechter zu empfinden. Wahre Lichtarbeit ist Herzensarbeit und geht nur über die allumfassende Liebe.

Der Weg dahin ist mit vielen Wertungen und Schritten gepflastert. Das ist oft das, was wir als Egoweg bezeichnen. Das Konstrukt, das den Menschen aus alten und neuen Verhaltensmustern formt, ist wie eine Gestalt, wie ein Golem, den der Mensch erschafft, um sich durch den Dschungel der Dualität zu bewegen. Es gibt letztlich kein Gut und Böse, es ist das Ziel, das zu erkennen. Aber vorher vergräbt sich der Mensch tief in diese Bewertung und in Wege, sich dies und jenes zu beschaffen, um besser oder weiter oder reicher zu sein als andere. Irgendwann erkennt ein jeder, dass das alles Illusion ist. Warum ich das jetzt erzähle? Weil du immer noch mittendrin bist. Du machst dir Gedanken über dein Zuhause und um Geld. Weißt du nicht, dass für dich auf der Herzensebene gesorgt ist? Die Herzensebene ist nicht dualistisch, kennt keine Geldangst und sorgt für dich. Sie führt dich dahin, wo du gut aufgehoben bist. Sie wirkt außerhalb von Gut und Böse und sorgt für dich. Glaubst du das nicht? Siehst du, du bist ertappt, du bist immer noch von dem Wirken der Dualität umwoben. Mach dich frei und erkenne: Wenn du diesen Gedanken loslässt, kommt eine Zufriedenheit aus dem Herzen zu dir. Außerdem veränderst du damit das morphogenetische Feld. Stell dir vor, noch mehr Menschen würden bei den elementaren Dingen die Angst in Liebe und Vertrauen umwandeln. Dann wäre für alle genug da, keiner müsste Angst um einen Wohnplatz haben. Das könnte ich beliebig ausweiten.

Beginne bei dir, das jetzt zu ändern, was noch nicht geebnet ist. Erlaube dir, ganz ins Vertrauen zu dir selbst zu gehen. Dann bist du, und das ist sehr spannend, nicht mehr in dem Gedankenfeld der Allgemeinheit. Du bist für einen Moment in der Stille, in der Leere und in dem göttlichen Feld, das alles erschafft. Von da aus ist es möglich, immer neue Ideen des Lebens zu kreieren, die rein und klar sind und sich auf die höheren Ebenen beziehen. Das ist alles sehr experimentell. Ich weiß das. Aber nur so kommst du weiter und entschlüpfst deinem Ego, das immer noch den zweifelnden Krieger mimt, der meint, alles steuern zu müssen, überall zuerst zu sein, nicht nur bei dem Platz in der Bahn, sondern selbst auf einem spirituellen Seminar in der ersten Reihe, direkt beim Referenten. Du möchtest die/der Erste, die/der Auserkorene, Gesehene sein. Wobei du doch wissen müsstest, wie unwichtig dies für das Seminar ist. Denn die göttlichen Energien, die der Referent verströmen möchte, wirken überall. Und das ist das Interessante und ist Quantenphysik: Oft ist die Entfernung ein Katalysator und ein Vervielfacher. Probiere dies mal aus. Viele von euch kennen das von den neuen Heilmethoden, die angeboten werden. Wahres Leben ist Leben mit dem Quantenteil in dir, irdisch ausgedrückt, mit dem Teil des Herzens in dir, den wir den Göttlichen Kern nennen. Lass dem zweifelnden Krieger keinen großen Freiraum mehr, biete ihm einen Stuhl und einen leckeren Rotwein an und überlasse ihn dem Genuss. Du selbst hingegen machst dich auf und beschreitest den Weg des friedvollen Kriegers, der mit offenem Herzen die Neue Welt erobert.

Wer selbst diese Sichtweise ausprobiert, hat plötzlich ungeahnte Möglichkeiten. Es öffnen sich Tür und Tor für neue Lebensweisen, die wahrlich ganzheitlich sind und die wenig mit dem dualistischen Leben zu tun haben. Das bringt allerdings mit sich, dass man oft an sich selbst noch zweifelt, weil man so anders ist als die anderen. Das erfordert Mut und viel Fingerspitzengefühl und Verständnis für die anderen um einen herum. Denn die werden vielleicht nicht das verstehen, was du leben möchtest. Und dass du dich dann manchmal allein fühlst, ist verständlich, aber nicht notwendig, denn du bist doch nicht allein. Wir stehen hinter dir und halten dein Rückgrat aufrecht. Wir arbeiten energetisch an dir und gleichen die alten Muster auch auf der körperlichen Ebene aus, die du liebst und hieltest, als du den alten Weg gingst.

Viele Menschen haben körperliche Symptome, die das bezeugen. Wer hat schon wirklich einen aufrechten Gang, knickt nicht ein und lässt im wahrsten Sinne des Wortes den Kopf nicht hängen, wenn wieder etwas nicht geklappt hat? Der Strudel der Dualität lässt sich körperlich aufzeigen. Wir arbeiten jetzt an dir, beobachten deine Schritte und leiten auf der geistigen Ebene die Veränderungen, die sich dann körperlich manifestieren, ein. Das bewirkt auch, dass du dich oft müde und unausgeglichen fühlst. Nimm dir Zeit und ruhe dich aus. Höre einfach auf deinen Körper. Ein lichtvoll ausgerichteter Mensch hat in dieser Zeit alle Möglichkeiten. Diese Wahl ist oft nicht äußerlich zu erkennen. Sie steckt hinter den vielen innerlichen Umarmungen. Dann sind sie plötzlich als großes Potenzial sichtbar, und sie sind wahrlich nicht mit der Logik zu erfassen. Ich danke dir für deine Aufmerksamkeit!

Das Universum und eine jede Zelle sind eins

Der Beginn eines jeden irdischen Lebens ist mit einem Plan, einer Konstruktion verbunden. Alles ist erschaffen, und dem Erschaffenen liegt ein Plan zugrunde, der mit der göttlichen Energie verbunden ist. Kein Plan kann ohne göttliche Energie entstehen. Er ist aus dem göttlichen Energiefeld entstanden. Der Geist, das göttliche Licht, stellt all das Sein zur Verfügung. Daraus entsteht alles. Das muss ein jeder verstehen, der sich geistig entwickeln möchte. Nichts geht ohne diese göttliche Energie. Dieser Teppich, der alles durchwebt, ist neutral, er wertet nicht. Er stellt sich lediglich zur Verfügung. Wenn eine Kreation entsteht, die durch Gedankenkraft verursacht wird, dann bewertet diese göttliche Schöpferkraft das nicht. Sie ist einfach. Sie wird eingesetzt für die geniale Schöpfung allen Seins. Das heißt, wer immer auch mit ihr arbeitet, ist befugt, dies zu tun. Es wird dabei nicht unterschieden, ob das Wesen ein reines Herz hat oder auf den Pfaden der tiefen Dualität wandelt. Ein jeder, der das Prinzip der Erschaffung kennt, kann diesen göttlichen Urteppich nutzen. Alles, was in der Dualität geschaffen ist, unterliegt genau diesen Gesetzen. Das heißt, wenn sich Menschen, die nicht in der Liebe sind und dem Machtgedanken nicht widerstehen können, mit diesem Prinzip auseinandersetzen und es verstehen, dann haben sie die Macht, damit zu arbeiten. Einfach ausgedrückt: Der höchste Schöpfer von allem richtet nicht und sagt: „Nein, du darfst nicht mit dem Teppich arbeiten, du bist nicht gut zu den Menschen." Der höchste Gott lässt die Menschen agieren und beobachtet. Er lässt sie gewähren, ohne zu werten. Er hat diese gesamte Dualität entstehen lassen, er hat seine Anteile herabgeschickt, um zu agieren. Egal, ob dies mit einem Raub geschieht oder mit einer guten Tat. Das ist ein Prinzip, das jeder Mensch verstehen lernen muss. Gott wertet nicht. Der höchste Schöpfergott hat seine Fühler weit ausgestreckt, hat erschaffen und beobachtet.

Zwischendurch kann es durchaus sein, dass auf den höchsten Ebenen andere Pläne entstehen, sodass eingegriffen wird – so wie sich jetzt die Erde verändert und mit dem Sonnensystem und der Galaxie und vielen anderen Sonnensystemen ihren Standort verlässt, ihre Schwingungen erhöht und somit einem anderen Plan unterstellt ist.

Aber trotzdem dürft ihr davon ausgehen, dass der Mensch entscheidet, was hier mit ihm und seinem Umfeld passiert. Wie ihr wisst, wirkt ein jeder Gedanke. Jeder Gedanke ist eine Schöpfung, und diese Schöpfung setzt sich in Bewegung, um sich zu manifestieren. Auf seinem Weg verliert dieser Gedanke vielleicht seine Kraft, weil er nicht mehr weitergedacht wird. Wird er aber unterstützt und gestärkt, wird er sich früher oder später hier auf der Erde manifestieren. Wenn nun viele Menschen den gleichen Gedanken immer wieder denken, nehmen wir z. B. einmal die Idee, dass der höchste Gott angebetet werden will und dass er weit weg von einem selbst ist, dann ist das wie eine Manifestation. Viele Menschen sind davon fest überzeugt, dass es so ist, weil viele so denken, und der Rahmen, um diese Überzeugung zu leben, wird sich auf der Erde manifestieren. Siehe die verschiedenen Religionen, so wie sie heute gelebt werden. Ein weiteres Beispiel: Wenn Menschen immer wieder die Angst vor dem Weltuntergang denken, weil auch die äußeren Begebenheiten dies noch unterstützen, steht diese Gedankenform wie eine Gestalt mitten im Raum und beeinflusst Erde und Mensch. Die Erde bewegt sich, und der Mensch wird immer ängstlicher, verbarrikadiert sich, schafft Notlebensmittel an und wird immer verhärmter, wird sicher depressiv, oder er geht in die Aggression. Letztlich verlässt er wahrscheinlich die Erde, ohne seine eigentlichen Pläne umzusetzen. Dasselbe gilt natürlich auch für die „guten" Gedanken.

Nun gibt es auch Menschen, die andere bei solchen Gedanken unterstützen und sie gezielt in das große Gedankenfeld leiten. Das geschieht durch eure Medien. Oder habt ihr noch nicht bemerkt, dass die guten Nachrichten dünn gesät sind? Es überwiegen die Greueltaten viele andere. Die Angst wird bewusst geschürt. Ich erzähle dies nicht, um dich in Angst zu versetzen, denn ich bin wahrlich in der allumfassenden Liebe unterwegs. Nein, ich rüttle dich nur ein bisschen unsanft wach, das ist alles. Möglicherweise hast du das alles auch schon bemerkt, aber du tappst trotzdem noch in diese Falle. Es ist wichtig, Nachrichten mit dieser Brille zu sehen und sich nicht verunsichern zu lassen. Die Liebe, die allumfassende Liebe, wird sich immer mehr auf diesem Planeten durchsetzen. Das ist der Weg, der jetzt ansteht. Daran lässt sich nichts rütteln. Auch noch so viele Aktionen der herrschenden Elite, sei es, Bakterien zur Minimierung der Menschheit in die Welt zu setzen, seien es Boykotte der Transportwege von Lebensmitteln zu forcieren, sei es, nicht einzugreifen, wenn Revolten entstehen, weil man den Frieden ganz bewusst nicht so schnell entstehen lassen will. Ich bin nicht hier mit dir verabredet, um diese Dinge näher zu beschreiben. Eigentlich weiß jeder erwachte Mensch um diese Geschehnisse oder erahnt es. Die Antwort ist nicht, sich in Ohnmacht fallen zu lassen, ob all der negativen Gedankenmanifestationen auf der Erde, sondern das Licht weiterhin zu verbreiten. Und das beginnt bei dir selbst.

Ich möchte gern mit dir deinen Körper, dein körperliches System ein bisschen näher beleuchten. Schon die alten Ägypter kannten das kosmische Prinzip, das besagt: *wie oben, so unten*. Wie im Makrokosmos, so im Mikrokosmos. Was letztlich bedeutet, dass alles in allem enthalten ist. Das Atom und die kleinsten Teile, die mit dem Mikroskop nicht zu erkennen sind, die Strings, unterstehen alle demselben

Bauplan. Sie unterscheiden sich von einem Planeten oder einem Sonnensystem oder dem Universum lediglich durch ihre Größe, die du als Mensch optisch wahrnimmst. Lediglich ihr Umfang ist anders, der Bauplan ist identisch. Um einen Kern kreisen weitere Bauteile der Göttlichen Schöpfung, die alles zusammenhalten. Sie bewirken den Strudel des Lebens. Sie bewirken die Entwicklung. Und in jedem dieser kleinen oder großen Bauteile ist der Gedanke Gottes enthalten. Er ist der schöpferische Gedanke, der alles enthält und hält. Du brauchst dir nur vorzustellen, wie deine Zellen aussehen, wie sie funktionieren. Du hast sicher schon einen Bauplan eines Atoms gesehen. Aus diesen und kleineren Bausteinen ist alles geformt und wird vom großen Geist gehalten. Gott hält den Bauplan des gesamten Seins, aller Universen, unterstützt von den vielen Gedankenschöpfungen, die er aussandte, um sich zu erfahren. Du bist ein Atom einer großen Anzahl von Wesen, die erschaffen und ausgesandt wurden.

Du bist ein Teil des großen Ganzen, das sich ausdehnt und ständig in Bewegung ist. Wenn sich deine Zelle in ihrer ganzen Art zu sein teilt, nimmt sie all ihr Wissen und gibt es an die neue Zelle weiter. Die weiß dann ganz von selbst, was zu tun ist. Deine Leber, dein Magen, deine Lungen sind sich dessen bewusst und arbeiten mit noch höheren Anteilen zusammen. Viele Atome formen das Ganze. Von den Worten her ist das ganz einfach ausgedrückt; ich könnte das auch sehr viel wissenschaftlicher beschreiben.

Aber ich möchte es dir über das Gefühl, über dein Herz vermitteln. Hast du Lust, einmal eine deiner Zellen zu besuchen? Wir wollen hier nicht unterscheiden zwischen Stamm- und einfachen Zellen. Wir besuchen irgendeine Zelle. Gehe bitte dafür tief in deinen Körper. Ich arbeite gern mit dem Visualisieren. Vielleicht gehst du in einen Körperteil, den du besonders gern fühlst, und zoomst dich ganz tief hinein. Dann bitte darum, eine Zelle möge sich dir offenbaren. Vielleicht hast du eine Tür vor deinem inneren Auge, und wenn du hineingehst, bist du in einer Zelle. Der Aufbau der Zelle kann auch ganz sachlich sein. Vielleicht bist du Biologe oder Mediziner, dann hast du sicher ein Bild aus der Studienzeit vor Augen. Wenn du ganz unvoreingenommen eine deiner Zellen besuchst, hast du vielleicht eine Gestalt vor dir, die die Zelle repräsentiert. Dies ist der Beginn einer kleinen Reise. Lass sie geschehen und erlaube der Göttlichkeit, die diese Zelle repräsentiert, dir das zu zeigen, was sie für sinnvoll hält. Sie wird dir das vermitteln, was es dir möglich macht, deine Zellen mit deinem geistigen Kontakt zur Schöpferkraft zu verändern – sie vielleicht zu verjüngen, wenn das dein Wunsch ist, einen Körperteil nachwachsen zu lassen, wenn du ihn verloren hast. Vielleicht möchtest du kraftvoller sein, etwas schlanker. Was immer es auch sei, es ist die Möglichkeit, mit der Zelle und der Urschöpferkraft in Verbindung zu treten. Allein dieser Besuch bringt eine Veränderung, das ist eigentlich verständlich, nicht wahr? Möglicherweise magst du deine Zelle auch umarmen und ihr vermitteln, dass du erwacht bist? Das setzt vieles in Bewegung. Und das Erstaunliche ist, du brauchst es nur *einer* Zelle zuzuflüstern. Die anderen wissen es dann automatisch. Ist das nicht beeindruckend?

Du bemerkst sicher, dass ich immer wieder darauf hinweise, dass es wichtig ist, sich mit sich selbst zu beschäftigen. In dir ist der Schlüssel für das gesamte Universum und die vielen anderen Universen. Du hat in dir den Zugang zum Makro- und Mikrokosmos. Du bist ein Teil des Ganzen, in und mit dir befinden sich viele Entwürfe des Bauplans Gottes. Über dir sind die vielen höheren Anteile deines Seins, des erschaffenen Wesens, das du bist. Ab einer bestimmten Ebene löst sich die äußere Erscheinungsform ganz auf. Es ist lediglich noch eine göttliche Struktur, die sich ihrer scheinbaren Individualität bewusst ist, aber trotzdem Zugang zu allen anderen Schöpfungen hat. Es ist eine Schöpfung mit vielen Facetten. Wenn du meditierst, hast du sicher schon eine Erfahrung gemacht, dass du dich mit allem als ein Ganzes fühltest. Es gab keine Trennung, du bist mit allem verschmolzen. Es war ein herrliches Gefühl, nicht wahr? Du fühltest dich eins mit Gott, dem Schöpfer allen Seins.

Es ist klug, sich diese Gedankengänge öfter einmal vor Augen zu halten. Ich möchte dich gern immer tiefer in die Verbindung zur Schöpfung bringen. Die Erde ist selbstverständlich auch Teil der Schöpfung, aber sie ist eben zurzeit noch mit einem besonderen Plan belegt, der euch allen eine Trennung von Gott simuliert. Und ich reiche dir gern meine Hand, damit du spürst, dass du nicht allein bist, getrennt von allem. Du bist mit mir und deinem Höheren Selbst ganz bewusst mit der Schöpfung verbunden. Spürst du es? Das bewirkt, das du dich erinnerst, wer du bist. Das macht dir bewusst, dass die kleinste Schöpfungseinheit so aufgebaut ist wie der größere Planet und das entfernteste Universum. Was wäre aus diesem Fazit der nächste Schritt? Im täglichen Leben sich dessen bewusst zu sein. Jeden Schritt auf dieser Erde bewusst zu gehen und sich des Schöpfers in einem selbst bewusst zu sein. Das öffnet das große Tor zur eigenen Kreation. Wenn du immer mehr in diesen göttlichen Teppich gewebt bist, ist der nächste Schritt, nämlich dein Leben selbst zu gestalten, nicht mehr weit. Du wirst dir deiner eigenen Stärke bewusst und findest heraus, dass alle negativen Gedanken durch liebevolle ersetzt werden können und sich damit das Geschehen sofort wandelt. Das ist dein Geburtsrecht. Du bist geboren, um das herauszufinden. Du bist hier, um deinen Kreislauf jetzt abzuschließen. Die Dualität fügt sich zu einem Kreis zusammen und erlaubt dir, neutral und bewusst das Schöpferdasein in Anspruch zu nehmen. Trau dir und deiner Kraft, lass dir nicht mehr einreden, du seiest unfähig, dein Leben zu ändern, weil es Schicksal sei.

Die Sterne haben zu deiner Geburt in einer bestimmten Konstellation gestanden, die deine Prägungen ausdrücken.

Das ist sicher so gewesen, aber jetzt können diese Prägungen verändert, erweitert werden, so wie es gut für dich ist. Du kannst diese Konstellation erweitern und alles in Anspruch nehmen, was sie ausdrückt. Das ist schwer zu verstehen, nicht wahr? Du hast gelernt, mit Begrenzungen zu leben. Wenn du dir deiner selbst bewusst wirst, dann gelten keine alten Prägungen mehr. Dann könntest du dich vielleicht mit der Sternenkonstellation, mit der Astrologie des Sonnensystems und der Galaxie beschäftigen, um zu sehen, wie es mit ihnen weitergeht. Das wäre interessant. Aber das menschliche Geburtshoroskop ist für dich erwachten Menschen eher eine Begrenzung. Sprenge sie und denke universell. Fühle jetzt in diesem Moment in das Sonnensystem hinein. Was bemerkst du? Vielleicht spürst du Aufregung und Spannung und viel freudige Erregung. Alles, was dieses Sonnensystem ausmacht, ist sich der Veränderung, die eine große Erweiterung für alle ist, bewusst. Klinke dich in diese Freude, die deutlich fühlbar ist, ein. Lass sie alle Zellen deines Seins durchströmen. Diese Freude vermittelt Aufbruchstimmung und eine große, tiefe Sinnlichkeit für alles Leben. Das ist das Neue, das geboren werden will. Meine Wenigkeit und viele andere Aufgestiegene Meister und andere Helfer, wir erlauben uns, dir bei dieser Geburt behilflich zu sein. Es ist die Geburt zum kosmischen Menschen.

Wann und wie wird der Mensch alle Aufstiegspotenziale erkennen und einsetzen?

Hab und Gut, viele von den irdischen Dingen, die der Mensch zum Leben zu brauchen meint, sind wahrlich Illusion. Der Körper ist ein gut konstruiertes Gefährt, das bei genauem Hinsehen natürlich nicht fest ist. Dein Auge, deine Sinne vermitteln dir lediglich, dass es so sei. Wenn du gern damit experimentieren möchtest, dann gehe einmal in die tiefe Entspannung und versuche, deinen Körper selbst oder auch einen irdischen Gegenstand daraufhin zu untersuchen. Streiche zart über ihn, und wenn du noch tiefer in dich selbst eintauchst, wirst du bemerken, dass die Strukturen sich verändern. Der Körper, der Gegenstand wird durchlässig. Du verbindest dich in dem Moment intensiv mit deinem ätherischen Körper, bist in einer anderen Schwingungsebene und erfühlst die wahre Struktur der Materie. Letztlich ist alles diesem Plan, über den wir schon sprachen, unterworfen und ist atomar aufgebaut. Nur für deine Sinne, für diesen Spielbereich der Erde, ist die Materie fest. Wer tief in der Materie verwurzelt ist, nimmt dies alles als feste Gegenstände, als Spielbälle der Dualität wahr, und er ist davon überzeugt, dass es wirklich so ist. Damit will ich sagen, dass deine Augen eine Täuschung simulieren. Dein Gefühl ist auch hier wieder der Schlüssel für die wahre Erkenntnis, nämlich dass alles Licht ist. Die Festigkeit, die Struktur, die für die menschliche Erfahrung konzipiert wurde, ist Illusion. „Eine schöne Illusion", magst du nun sagen. „Es ist doch herrlich, alle diese irdischen Güter um sich zu haben! Eine schöne Wohnung, ein hübsches Sofa, nette Kleider, Musikinstrumente, Autos und vieles mehr." Ja, ich kann das gut nachvollziehen. Autos gab's zu meiner Zeit nicht, aber all das Andere war eine wahre Zier. Aber das ist nur für eine bestimmte Zeit der Grund, sich hier zu bewegen. Es sind die Grundbedürfnisse aufgestockt mit vielem, was der Mensch eigentlich gar nicht braucht. Es ist schön, es zu haben, aber darin verbirgt sich die Gefahr, das innere Sein nicht wichtig zu nehmen.

Was ist der Sinn des Lebens? Da ich als jemand, der den Genuss zelebriert, bekannt bin, kann ich das aus einer ganzheitlichen Sicht bestätigen. Genuss ist wichtig, es kann die Sinne schärfen. Man geht über den Genuss tief in sich hinein, wenn man es wirklich tief erlebt. Genuss ist mit allen Sinnen verbunden und führt letztlich zur eigenen Göttlichkeit, weil er mit Freude und oft auch mit Rückzug und Stille verbunden ist. Man genießt zwar die Materie, aber tut dies mit dem inneren Sein. Damit kommt man zu der Erkenntnis, dass der wahre Genuss die Verbindung zu dem eigenen Gott in einem ist. Hier wohnt die Ekstase, die Folge von Genuss. Ich spreche hier nicht von der Sexualität, ich meine den Genuss von vielen schönen Dingen, welche die Materie und die Natur bieten. Die Natur ist eine Repräsentantin der hohen Göttlichkeit, aber ebenso auf der materiellen Ebene präsent: Das Bewusstsein „Baum" hat sich auf die Erde begeben, um eben ein materieller Baum zu sein. Auch hier empfehle ich, das wahre Sein des Baumes einmal zu spüren. Lehne dich an einen Baum, lasse alles Denken los und verbinde dich mit dem Baum, werde eins mit ihm. Das ist eine ganz besondere Erfahrung der Materie, verbunden mit dem höchsten Schöpfer. Es sind also ausreichend Möglichkeiten gegeben, ohne großen Aufwand und auch ohne viel Geld den Genuss des Lebens zu zelebrieren. Wer viel Geld hat, wird es wahrscheinlich in schöne Dinge investieren. Aber auch schon das Anschauen dieser Zier, das Riechen, das Schmecken, das Einfühlen kann Genuss vermitteln. Dafür – und die Erkenntnis erreicht jeden Menschen irgendwann – braucht man keine Güter, keinen Reichtum. Das ist eine Möglichkeit, die inneren göttlichen Wege zu erkennen und zu beschreiten.

In der heutigen Zeit ist der Mensch mehr auf dem intellektuellen Weg unterwegs. Er liest viele Bücher – was den früheren Menschen nicht möglich war, sie konnten oft nicht lesen –, er schaut ins Internet oder geht zu Zusammenkünften, wo man über diese Dinge spricht. Das Gefühl ist leider oft nicht sehr beansprucht. Es wird mit dem Verstand gearbeitet. Jawohl, viele Menschen, die sich auf dem esoterischen, dem inneren Weg befinden, setzen sich verstandesmäßig damit auseinander. Das ist wirklich verrückt, denn den Verstand wollen wir ja gerade ausschalten. Viele Bücher bieten dem Menschen sachliche, wissenschaftliche, logisch erscheinende Erkenntnisse an. Die sollen dann wiederum logisch verarbeitet werden. Dann hat man eine Einsicht, aber die ist nur theoretisch, nicht praktisch erfahren. Ich wiederhole es noch einmal: Wahre Esoterik, wie der Name schon sagt, ist der Weg nach innen, um sich selbst zu erkunden. Denn du bist es doch, der göttlich ist. Das Buch, der Computer sind letztlich auch göttlich und bieten Informationen, die mit Gott zu tun haben, aber du kannst damit den Gott in dir nicht erreichen. Der will selbst angesprochen, gefühlt und erfahren werden.

Lass uns schauen, was es noch für Möglichkeiten gibt, sich ganz dem Aufstieg der Erde und der damit verbundenen Erweiterung des Bewusstseins zu öffnen. Das Herz ist der größte Schlüssel. Wer mit dem eigenen Herzen arbeitet, wer es öffnet, es erforscht, wird mehr über sich erfahren und das damit verbundene höhere Sein. Über das Herz gelangst du an alle Orte des Universums. Von hier aus kannst du alles erfahren und unternehmen, alles erforschen, was dein Herz begehrt. Du solltest dir dafür Zeit nehmen. Lass einige irdische Aktivitäten ruhen und sei mit dir. Diese Erfahrung erschließt sich übers innere Reisen, übers Meditieren, aber auch über sinnliche Erfahrungen wie malen, kochen, singen, musizieren oder im Garten sitzen. Auch durch solche manuellen Dinge kommt man dem inneren

Universum näher und mit sich selbst noch tiefer in Kontakt. Sagen wir mal so: Wenn du diesen schönen Dingen nachgehst, kannst du die göttliche Hand, die dir gereicht wird, fühlen. So in sich versunken, kommen die besten Ideen, was demnächst zu tun wäre. Oder die Erkenntnis, dass das Leben noch schöner sein könnte, wäre man noch mehr so in sich selbst versunken. Es ist nicht so schwierig, wie oft angenommen wird. Es ist eigentlich ganz einfach. Man ist in sich versunken und tut etwas, was einem Freude macht, oder man ist ganz still in sich. Das sind weitere Wege, sich selbst zu erkunden.

Erfahrungen mit Meditationsübungen, die man auch über die Technik erfahren kann, indem man sich etwas anhört, sind auch erweiternd, wenn sie klar in den Schwingungen sind. Oft wird den Meditationen aber geistig etwas hinzugefügt, das eher störend oder sogar negativ beeinflussend wirkt. Keine Angst, das wirst du spüren. Wenn du dich nicht fallen lassen kannst oder irgendetwas sich nicht beruhigend anfühlt, eher schwer oder irritierend ist, dann ist das nichts für dich. Du hast sicher schon bemerkt, dass die meisten Wege zu sich selbst ohne Hilfsmittel auskommen.

Der Mensch in der heutigen Zeit ist voller Informationsdrang und meint, er müsse sich mit all den alten Weissagungen der Urvölker auseinandersetzen. Es gibt Grundinformationen, die die Zyklen der Erde betreffen, die sehr interessant und lehrreich sein können. Aber ich darf dir versichern, nicht alles, was überliefert ist, entspricht der Wahrheit. Auch die Nachkommen der alten Völker sind oft westlich beeinflusst, sei es durch das morphogenetische Feld oder durch eigene Interessen. Ich möchte damit keinen beschuldigen, falsche Dinge zu sagen. Aber es sollte nicht deinen eigenen göttlichen Blick zu trügen in der Lage sein. Du brauchst keine Informationen von außen. Die Erkenntnisse oder das Überprüfen der von außen angebotenen Erfahrungen kannst du in dir selbst bekommen. Bleiben wir kurz bei den vielen Auslegungen von 2012: Gehe in dein Herz und erfrage, was wirklich geschehen wird. Die Antwort wird prompt da sein. Du wirst es wissen, ohne zu recherchieren, ohne zu lesen. Es ist einfach da, weil du es auf einer anderen Ebene weißt.

Damit spreche ich natürlich auch gegen dieses Buch. Es ist nicht notwendig. Es ist eine Möglichkeit, sich an den göttlichen Strom anzubinden, aber es geht auch ohne. Nehmen wir dies gleich einmal zum Anlass, dass du dieses Buch einmal erfühlst. Wie fühlt es sich an, wenn du es in die Hand nimmst, wenn du darin blätterst, wenn du dich dann darin vertiefst?

Lass dich nicht verunsichern von den vielen Informationen bezüglich 2012. Es sind einige gute Erkenntnisse, die offenbart wurden, aber der Weg der Erde ist dein Weg. Du selbst bestimmst, wie es mit der Erde weitergeht. Du hast die Möglichkeit, durch deine eigene Liebe zu dir und zu allem, was ist, diesen Weg der Erde zu beeinflussen. Richtig und unabwendbar ist ihr Ziel, sich mit dem Sonnensystem und anderen weiter zu bewegen. Aber ob ihr Weg sehr holprig ist oder sanft, das hängt vielfach von den Menschen ab. Jeder kann an sich arbeiten, um diesen Weg mit zu gestalten. Es lohnt sich, darüber noch mehr nachzudenken und es dann stetig umzusetzen. Eben durch das eigene Umarmen und durch das Sich-selbst-Verzeihen und auch allen anderen, die einem weh oder denen wir weh taten. Das Feld verändert sich, wenn immer mehr Menschen diese Selbstermächtigung praktizieren. Die Veränderung des morphogenetischen Feldes ist durch einen jeden Menschen möglich. Er muss es nur wissen und dann handeln. Diese Information kann man nicht oft genug weitergeben. Und auch das ist wieder ein Schritt, tief in sich einzutauchen und zu beleuchten, wo noch ungeklärte Erfahrungen, die das Feld beeinflussen, sind. Viele Umarmungen sind nötig, damit der Aufstieg der Erde leichter vonstatten geht. Die Erde selbst freut sich über jede weitere Umarmung. Auch das kann man erweitern, wenn man es den anderen vermittelt, die um einen herum leben, entweder durch Worte oder auch durch körperliche oder geistige Umarmung.

Einige Menschen, die sich esoterisch bilden, sprechen von dem Lichtkörper, der erweckt werden muss, damit man sich entweder fortbewegen kann, damit man die fünfte Dimension leichter erreicht oder damit man das hier überstehen kann, was eventuell auf den Menschen zukommt. Die Rede ist hier von den Unwettern und Katastrophen. Zu letzteren sei gesagt, dass es gar frevelhaft ist, sich damit näher auseinanderzusetzen. Denn die Gedanken formen doch das Geschehen. Je mehr über diese eventuellen Katastrophen geredet und gedacht wird, desto mehr wird das Feld genährt. So, als würde es noch mehr geformt werden, dass es denn wirklich geschähe. Man mache sich das noch mehr bewusst. Du bestimmst wirklich mit deinen Gedanken, letztlich auch, ob eine Brücke einstürzt, wenn sie dir wackelig erscheint und du ständig, lange und intensiv diesen Gedanken hegst. Die hohen Schwingungen der Erde bewirken eine schnellere Manifestation der Gedanken, das geschieht seit über 25 Jahren. Des weiteren sind Katastrophen ein Machwerk der nicht lichtvollen Seite der Dualität. Warum sollten diese Katastrophen geschehen müssen? Das kann durch das Erwachen vieler Menschen ausgeglichen werden. Dann manifestieren sich diese Dinge in einer schwächeren Form, sodass es keinem Menschen körperlich schadet oder nur peripher.

Zurück zum Thema Lichtkörper – diesem geometrischen Gefährt, auch Merkabah genannt, das man benutzt, um sich geistig fortzubewegen. Dieses Gefährt hat viele Funktionen. Es ist auch deine Verbindung zu deiner göttlichen Familie. Dieser Lichtkörper ist eigentlich immer aktiv. Du bist dir dessen nur nicht bewusst. Es gibt die Möglichkeit, so taten es die alten Weisen, sich durch tiefes Atmen, durch Meditation, auch durch Askese, dieses Gefährtes bewusst zu werden. Aber heute empfehle ich die reine

Herzensarbeit. Es ist möglich, über die Verbindung zum eigenen höheren Herzen dieses Bewusstsein zu erreichen. Und das geschieht ohne Kraftakt und starken Willen. Es ist der weibliche, leichte, herzliche Weg, der dies offenbart. Man muss nur tief genug in sich selbst eintauchen, viele eigene Umarmungen machen und sich selbst liebhaben. Das ist der einfache Schlüssel zum Lichtkörper, zu seiner Bewusstwerdung und zu seinem Einsatz. Und ich erlaube mir noch zu erwähnen, dass du viel weiter in deinem Bewusstsein gewachsen bist, als du denkst. Allein die Tatsache, dass sich dein Bewusstsein für diese Themenbereiche geöffnet hat, zeigt, dass einige Schlüssel im richtigen Schloss stecken.

Für die Menschen, die auf die Erde kamen, um der Erde bei ihrer neuen Entwicklung dienlich zu sein, ist es an der Zeit, noch weiter zu erwachen, eben diese Wege, die ich beschrieb, an sich herankommen zu lassen. „Stetiges Waschen höhlt den Stein." Damit will ich sagen, dass die Impulse, die diese Menschen bekommen, immer vielfältiger werden und dass diese alten Seelen nicht anders können, als sich ihrem Gott zu öffnen. Das geschieht, und dafür sind auch wir zuständig, wir geistigen Helfer und Heiler. Wir geben die Impulse, vermitteln Situationen, werfen, wenn es notwendig ist, sogar den berühmten Stein ans Fenster. Sei sicher, wir lassen nichts ungetan, um dich zu erwecken.

Lass mich noch einen Punkt ansprechen, der wichtig für die Frage dieses Kapitels ist. Die Erde ist ein Bewusstsein wie du. Sie selbst kann viel tun, um sich den Menschen auf diesem Planeten zu vermitteln. Sie ist doch auch in diesem Feld. Sie agiert und verändert ebenso das morphogenetische Feld. Es ist also nicht nur von den Menschen abhängig, sondern auch von dem Planeten Erde an sich. Zu empfehlen ist, dich bewusst mit der Erde zu verbinden, immer wieder, wo du gehst und stehst. Das geschieht nach einer Weile wie von selbst, und du wirst dann bemerken, dass ihr wirklich eins seid. Du gehst den Weg nicht allein, die Erde auch nicht. Du darfst also voller Vertrauen sein, dass deine irdische Mutter dich wie ein Kind liebevoll führt, so wie sie übrigens auch eine Mutter hat, die sie behütet.

Wenn viele Menschen das Vertrauen in sich aktiviert haben, dann ist das morphogenetische Feld noch um Einiges verändert. Denn wer vertraut, der weiß, dass keine Riesenwelle, kein Erdbeben ihn je erreichen kann. Weil es nicht stattfindet oder weil es ihn nicht berührt. Oder doch, das wäre dann wahrlich ein treuer Dienst, weil er noch einmal den Übergang durch Tod beschreiten möchte. Vielleicht, um den Menschen das Herz zu öffnen, wie bei dem großen Tsunami 2004. Was auch die wichtige Erkenntnis beinhaltet, dass letztlich keine Seele verlorengeht. Die Angst um das eigene Leben loszulassen, ist der letzte Schritt einer hohen Bewusstseinswerdung. Und es ist die wahre Erkenntnis der Bewusstseinserweiterung in die höhere eigene Göttlichkeit. Vertraust du dem Gott in dir?

Persönliche Differenzen und Unausgeglichenheiten in dieser Zeit

Es gab noch keine Ära wie diese auf der Erde. Die Form, wie heute gelebt wird, ist einzigartig. Das hängt mit dem neuen Weg der Erde zusammen. Noch niemals hat es soviel Kraft zum Ausgleich dieses Weges gegeben. Noch nie waren so viele Menschen auf diesem Planeten wie jetzt. Viele strömen hinab in diese Zeitschiene, um dabei zu sein, wenn die Erde in diese außergewöhnlichen Veränderungen geht. Wir sind dabei, uns wahrlich in eine höhere Schwingungsebene zu begeben. Das gilt für den gesamten Planeten mit allen Menschen und nicht nur für einige Auserwählte. Alle Menschen gehen diesen Weg mit. Wer das allerdings nicht schaffen kann, weil er noch nicht soweit in seiner Entwicklung ist, wird auf einem anderen Planeten weiterhin die Dualität erarbeiten. Verstehe bitte richtig: Dies ist keine Wertung, sondern die freie Entscheidung eines jeden Menschen. Jeder hat die Chance, in diese neue, höhere Schwingung mitzugehen, aber wer sich dem noch nicht anpassen möchte, weil es ihm zu schwierig erscheint, darf die Erde verlassen und sich anderweitig weiterentwickeln. Das gehört auch zum freien Willen. Die vielen Seelenaspekte, die jetzt hier sind, wollen gern dabei sein, sie haben den Schritt gewagt. Einige sind auch hier, um zum passenden Moment der Erde und den Menschen besonders zu dienen, indem sie bei einem aufsehenerregenden Unglück hinübergehen, um damit die Schwingungen der einzelnen Menschen und die des Kollektives, des morphogenetischen Feldes, durch das aufkommende Mitgefühl zu verändern.

Nehmen wir die großen Ereignisse wie Twintower oder den Tsunami oder das Erdbeben auf Haiti. Wie sehr waren viele Menschen inniglich berührt. Wie viele von ihnen haben ihre Liebe dorthin geschickt, nicht nur das Geld hat den Besitzer gewechselt. Die vielen mitfühlenden Menschen haben viel Liebe und Kraft dorthin geschickt, um diese Liebe und das Mitgefühl dort zu etablieren. Es ist wichtig, diesen Aspekt des Unglücks zu verstehen. Er hat geholfen, die Schwingungen der Liebe mehr zu verankern, die in dem Alltagsgeschehen der starken Dualität oft zurückgedrängt werden. Die großen Mitgefühlsbekundungen haben einen starken, festen Sturm der allumfassenden Liebe in allen Gebieten dieser Art verankert. Vielleicht magst du jetzt einmal in die einzelnen Gebiete hinfühlen? Der Strom des Mitgefühls ist noch da. Obgleich er nicht mehr so stark ist wie zu Beginn der großen Mitgefühlswelle. Aber er ist verankert. Dieser Strom wird nicht mehr versiegen. Er transformiert weiterhin die Gebiete. Auch wenn das an der örtlichen Stelle direkt vielleicht nicht gleich wahrnehmbar ist, denn die Veränderungen geschehen zuerst im Geiste, dann manifestieren sie sich. Die Aufbauarbeiten sind auch nicht so, wie die Spender es sich wünschen, denn vor Ort regiert weiterhin die Dualität in vielen Facetten. Aber die Schwingungen sind verändert, und das Herz eines jeden dort wurde erreicht. Was er damit macht, ist seine eigene Entscheidung, aber kollektiv gesehen sind viele Herzen weiter geöffnet. Die Menschen dort sind in eine andere Schwingung durch die vielen Liebesbezeugungen gekommen. Und das hilft der Erde und natürlich auch den Menschen und anderswo, sich für den weiteren Weg des Aufstiegs zu stärken.

Schauen wir uns die Schauplätze der eben erwähnten Zerstörungen näher im Zusammenhang an, erkennen wir ein Dreieck. Dieses Dreieck, wie es so viele in der göttlichen Geometrie gibt, hat seinen Sinn in der Veränderung. Sieh es dir an, und dann fühle in diese Gegenden hinein und auch in das Dreieck. Spüre die Veränderungen. Vielleicht beobachtest du auch eine starke Verbindung der Stätten untereinander. Wie mögen sie wohl zusammenhängen? Das kannst du auch erfühlen. Natürlich gibt es weitere Dreiecke. Erdbebengebiete in Amerika könntest du ebenso verbinden. Es ergeben sich weitere Dreiecke bei näherem Beobachten. Ich werde dir ein paar Erkenntnisse zuflüstern.

So kann man ganz klar erkennen, dass es keine Zufälle in den Ereignissen gibt. Und die Seelen, die ihr menschliches

Leben verloren, sind nicht fort. Sie sind auf einer anderen Ebene und verstehen von dort aus, welchen herrlichen Dienst sie an der Erde geleistet haben. Sie sind wohl behütet und in den Bereichen, die für sie passend sind. So findet ein jeder seinen Weg, auch wenn der vielleicht mit einem engmaschigen göttlichen Plan und der jetzigen Zeit belegt ist. Viele Seelen, die jetzt inkarnieren, haben einen fast minutiösen Dienstplan, was auf der Erde wann zu tun ist. Die neuen Kinder sind schon in anderen Schwingungen hierher gekommen. Sie erinnern sich, was hier zu tun ist, und setzen es, oft sehr zum Erstaunen ihrer Umwelt, vehement um. Die vielen neuen Kinder, die ab 2011 die Erde besuchen, sind so hoch in ihren Schwingungen, dass sie von einigen Menschen gar nicht so recht wahrgenommen werden. Sie haben die Eigenschaft, wenn sie in die tiefste Dualitätsschwingung kommen, zum Beispiel in Kriegsgebieten und dorthin, wo durch Streitereien niedrige Schwingungen herrschen, körperlich nicht mehr wahrnehmbar zu sein. Sie sind für einige Menschen, die noch sehr dualistisch denken oder gerade in großen Zwistigkeiten stecken, nicht erkennbar. Interessant, nicht wahr? Dadurch können sie oft durch ihre hohe Liebesschwingung unerkannt das Feld verändern.

Es ist gut, dass sie kommen und dass sie die Plätze aufsuchen, die Liebe brauchen. Sie sind mit diesem Plan hierher gekommen und werden vielfach auch nicht ein – wie du sagen würdest – normales Leben führen. Sie haben schon andere Bedürfnisse und veränderte Essgewohnheiten. Sie ernähren sich meist von wenig Nahrungsmitteln, eher von der göttlichen Energie.

Das Besondere daran ist außerdem, und das ist die Hauptaufgabe ihres Kommens, sie verändern durch ihre Gedanken und durch ihre Taten das morphogenetische Feld, sie ändern die Gewohnheiten der Menschen. Denk an das Beispiel mit dem hundertsten Affen, der nötig ist, um das Verhalten der Affen zu verändern. So verändern diese neuen Menschen das Verhalten der anderen Menschen. Dadurch wird unter anderem das Essverhalten der Allgemeinheit verändert. Es wird leichter gegessen, weniger gegessen, weil die hohe Energie den Menschen schon mit den wichtigen Dingen nährt. Das ist heute schon spürbar. Einige Erwachte essen leichtere Nahrung und kleinere Portionen. Sie lassen oft eine Mahlzeit aus, wenn sie viel meditiert haben und in geistigem Kontakt waren. Auch wenn sie sich viel in der Natur aufhielten, ist das Bedürfnis nach Nahrung schon gesättigt. Trotzdem wird es jetzt noch Phasen geben, in denen viele einen besonderen Appetit nach langen geistigen Besuchen haben, um sich bewusst zu erden. Und die Veränderung hat eine weitere Besonderheit: Essen, das früher nicht gut verdaut wurde oder sich eher ungesund für den menschlichen Körper auswirkte, wird besser verdaut, und die Giftstoffe wirken nicht mehr so wie früher. Das erklärt auch, warum viele junge Menschen besser mit dem heutigen Essen der großen Restaurantketten zurechtkommen.

Zurzeit ist jeder Mensch, das kennst du gut von dir selbst, noch oft hin- und hergeworfen, auch in den Emotionen. Das beeinflusst dann die täglichen Entscheidungen. Niemand weiß so recht, wie das entsteht. Du bist morgens gut gelaunt und fröhlich, leichtfüßig und voller Freude auf den Tag. Schon eine Stunde später fühlt sich vieles sehr schwer an und überhaupt nicht lebenswert. Du schwankst in der Waage der Dualität hin und her. Du bist von den vielen Schwingungen und Gedanken der Menschen in deinem Umfeld ebenfalls beeinflusst. In deinem Heim bist du durch das Aufbauen des Feldes geschützt und vielfach tief mit dir selbst verwurzelt. Dann sind auch deine Helfer nah und hüllen dich in ihre Liebe. Das bemerkst du sicher auch, wenn du am Morgen aufwachst und vielleicht von einer langen Reise zurückkommst. Viele von euch schlafen tief und fest und sind wirklich weit unterwegs in der Nacht und intensiv am arbeiten. Morgens brauchst du dann einen Moment, um hier wieder anzukommen und den Tag irdisch zu beginnen. Dann spürst du vielleicht plötzlich ein Wohlgefühl, so etwas wie ein Aufmuntern: „Komm, wir helfen dir, dich hier wieder zurechtzufinden. Wir sind da und stärken dein irdisches System." Wahrlich, viel Unterstützung kommt aus den höheren Rängen in dieser Zeit für dein System.

Andererseits kann es auch sein, dass du schlecht schläfst und des Nachts versuchst, die anstehenden Sorgen zu bewältigen. Du bedenkst all ihre Facetten, und es scheint, als wären die dualistischen Seiten sehr stark präsent, als würden sie direkt mit dir arbeiten. Die Gedanken drehen sich, und du kommst nicht zur Ruhe. Dann stehe am besten wieder auf, meditiere und sprich mit uns. Wir können dir helfen, dich aus diesem Gedankenwust zu befreien. Verstehe es bitte so, dass du ganz laut ja gesagt hast, als du gefragt wurdest, ob du viele alte Erlebnismuster schnell auflösen möchtest. „Ja, ja, bitte viel und schnell", hast du vermittelt. Dein Wunsch war uns Befehl. Wir haben mit dir Situationen zusammengestellt, in denen die alten Erlebnisse, die Knoten, immer wieder serviert wurden. In verschiedenen Gerichten zur Vorspeise, als Hauptgang und als Nachspeise, immer wieder waren die alten Themen deines Systems, die du in deinem täglichen Leben gespeichert hast, zu finden, und zwar in allen Variationen. Du hast dich sicher oft gewundert, wie diese Synchronizität funktioniert. „Das kann doch nicht wahr sein, wie schnell ich diese Person wiedergesehen habe. Und schon wieder ruft sie an, und ich muss mich dem gemeinsamen Thema stellen. Und außerdem wird mir wieder und wieder bewusst, dass ich mich auch dem Problem meiner Gesundheit stellen muss. Ich kann nicht weiter nur Schmerztabletten schlucken, ich muss es mir ansehen, was es mir sagen will."

Ich darf dir versichern, du hast in den letzten Jahren viel gelöst und bist jetzt an einem Punkt, wo es nicht mehr viel zu lösen gibt. Aber immer noch fügst du dich in die Stimmung des Auflösens. Könnte es sein, dass du dich daran gewöhnt hast, dass es etwas aufzulösen gibt? Vielfach löst du Dinge, die zwar in deinem Umfeld, aber nicht die deinen sind. Du arbeitest nun auch für das Kollektiv. Du hilfst, den hundersten Affen wahr werden zu lassen. Einer bestimmten Menge bedarf es bei jedem Grundthema, damit es sich verändert. Haben eine bestimmte Menge Menschen keine Angst mehr vor dem Armageddon und widerstehen dem Gedankenboom, der durch die vielen Bücher und Filme angeboten wird, dann schwenkt das Thema um, und es ist, als wäre es nicht mehr da. Es löst sich auf. Davon sind wir im Moment, was dieses Thema anbelangt, noch weit entfernt. Je näher 2012 rückt, desto mehr Informationen überschwemmen den Markt, die oft nicht der Wahrheit entsprechen, sondern Spekulationen anbieten, die dem Gedankenfeld nicht förderlich sind. Wie unbedacht viele Menschen doch sind! Mach dir dies bewusst und verändere die Gedanken bezüglich des Untergangs.

Wenn wir über den Tod sprechen, da haben sich die Meinungen der Menschen schon gewandelt. Viele im Westen lebende Menschen sind sich sicher, dass der Tod lediglich ein Übergang ist, und sie glauben an geistige Wesen, die außerhalb dieses Rahmens sind, die man nicht sehen kann. Selbst die vorgegebenen Dogmen der Religionen haben nicht mehr die große Wirkung, die sie einmal hatten. Die Menschheit wird kritisch und löst sich von den alten Vorstellungen und forscht auf eigene Faust nach dem Sinn des Lebens.

Worauf ich letztlich hinaus will, ist, je mehr Veränderungen es geben wird, desto mehr Menschen sind sich ihrer selbst bewusst. Und im Moment sind die vielen Kriegskämpfe, die stattfinden, auch Kämpfe der Auswegslosigkeit. Viele Kämpfer fragen sich, warum sie kämpfen. Sie sehen die vielen unsinnigen Unstimmigkeiten, die sich daraus ergeben, und sehnen sich nach Frieden. Sie beobachten, dass der Frieden oft von den Machthabenden gar nicht gewollt wird. „Warum mag das so sein?" fragen sie. Natürlich weil es den Machthabern oft noch um ihr eigenes Wohl oder das der größeren Machthaber im Hintergrund geht. Aber lange kann man die Menschen nicht mehr in die Irre führen. Immer mehr Menschen sind hellhörig geworden. Eben auch durch die Veränderungen des morphogenetischen Feldes. Das geschieht nicht über Telefone oder übers Internet, das macht der Gedankenaustausch der Masse. Wenn noch mehr Menschen den Machthabern die Stirn bieten, nicht durch Wutausbrüche oder durch Gewalt, sondern durch liebevolle Gedanken und durch mutige oder längst fällige Taten, dann verändern sie das Feld. Das wirkt, ganz sicher. Nur so geschehen sehnlichst erwartete Veränderungen.

Wir sind die Unterstützer. Wir helfen dir, die Gedanken umzuwandeln und damit auch dein Leben zu verändern. Deshalb ist es so wichtig, dass ein jeder bei sich selbst beginnt. Jeder Mensch, der bei sich die Veränderungen einleitet, verändert automatisch das Feld seines Nächsten beziehungsweise das ganze Feld. Oft beginnt das bei einem

Freund und setzt sich wie ein Lauffeuer weiter fort. Wir können diese Veränderungen aus unserer Sicht sehen. Wir beobachten die kleinen Nuancen der Wandlung, die die Erde auf ihrem Weg stützen. Ein jeder Mensch verdient einen prachtvollen Orden für seinen Dienst hier auf der Erde!

Lass uns noch einmal zurückkommen zu deinen persönlichen Schwankungen im täglichen Leben. Nimm dir Zeit, das eben Erwähnte zu erkennen. Lass dich von schlechten oder wirren Gedankenströmen nicht verunsichern, halte deinen Pfad, bleib bei dir. Zieh dich zurück aus dem Gewirr des Alltags und dem der vielen Menschen, wenn du berufstätig bist. Nimm dir Zeit für dich. Bleib mal zu Hause, wenn du lieber nur schlafen oder liegen möchtest. Bitte uns um Hilfe, wir gleichen deinen Körper wieder aus. Du kannst dir auch vorstellen, wie es wäre, im Schoße der hohen Göttlichkeit zu sein. Bitte den Urschöpfer, er möchte sich deiner annehmen. Und dann bemerke, wie du immer leichter wirst. Diese Bitte wird nicht unbeantwortet bleiben. Und dann genieße diese Energie der Liebe und schieb alle Gedanken beiseite. Diese einfache Übung kannst du so oft du magst probieren. Sie hilft immer. Und dann gibt es Tage, in denen auf der Erde sehr intensive Transformationen stattfinden, da hast du das Gefühl, nichts könnte helfen. Dann nimm es gelassen an und gestalte den Tag so leicht wie möglich, und vielleicht kannst du anderen helfen, alles mit der großen Brille der Gelassenheit zu sehen.

Je mehr du dich mit dir selbst beschäftigst, umso mehr wirst du bemerken, dass du immer sensibler wirst. Du spürst die Gedanken anderer, die der Erde. Du spürst die dualistische Energie, die sich verändern will. Du bist wie ein Zünglein an der Waage. Ja, das bist du wirklich! Vielleicht bist du in deinem Umfeld das Licht, das Umwandlung einläutet. Dann bist du wahrlich ein Diener Gottes. Halte durch und bedenke, dass diese Veränderungen noch stärker werden. Damit will ich keine negativen Gedanken erzeugen oder gar Angstgefühle. Aber sei sicher, dass vieles zusammenbrechen wird, ja, zusammenbrechen muss, wenn grundlegende Veränderungen für das Wohl der Menschheit geschehen sollen. Und verstehe doch bitte, dass die hohen Energien, die auf die Erde kommen, vor nichts haltmachen. Sie transformieren alles. Sie schubsen den Schein, die Illusion, um, wenngleich sie auch eine Portion Gnade im Gepäck haben. Das ist so wie die Sache mit dem Netz und dem doppelten Boden. Hab Vertrauen, beobachte deine Gedanken und genieße das Leben hier auf der Erde. Im Genuss, wie schon erwähnt, steckt ein Schlüssel zur Leichtigkeit. Und Vertrauen und Leichtigkeit sind so wichtig in dieser transformierenden Zeit. Und sei sicher, du bist immer zur richtigen Zeit am richtigen Ort. Denn dein höheres Selbst hat die Fäden in der Hand und weiß, wo du gebraucht wirst. Gleichzeitig sorgt es dafür, dass du geschützt bist in deinem Tun. Und dass für dich gesorgt wird, da kannst du auch sicher sein. Vertraue und nimm die täglichen

Ungereimtheiten einfach nicht so wichtig, sondern tu dir etwas Gutes.

Um dich herum wird es nur so purzeln. Ich spreche von den politischen und wirtschaftlichen Ereignissen. Das wird nicht aufzuhalten sein. Vieles ist auch mit einem bitteren Beigeschmack versehen. Viele Köpfe rollen, und dabei decken sie Unehrlichkeiten auf. Schmiergelderaffären werden aufkommen, unehrenhafte Entlassungen, Auflösungen von Regierungen. Banken werden ihre unehrenhaften Geschäfte nicht mehr verdecken können. Seid gewiss, es ist noch nicht zu Ende mit dem Purzeln des Geldmarktes. Vieles wird weiterhin künstlich aufgebaut und aufgebauscht. Es gibt kein Entrinnen, der Einbruch wird kommen. Und vielleicht ist dies von anderen Lenkern auch bewusst so gewollt. Aber das sollte euch nicht beirren. Dennoch: Ein Raunen des Erbostseins und der Enttäuschung wird durch die Menschenreihen gehen. Und dann wird ein tiefer Seufzer durch sie fließen, und sie verstehen, dass es Zeit für einen Neuanfang ist. Und aus diesem europäischen Lande und durch alle Deutschsprachigen wird viel Kraft kommen für die Neuerungen. Alte Kräfte ruhen in diesen Gebieten, die durch die generelle Transformation freigesetzt werden. Wohlan, habt keine Angst, erinnert euch an diese Worte, wenn es im Außen unwegsam erscheint. Meine Kraft ist mit euch!

Wer wirft den ersten Stein, oder wie sehe und beurteile ich andere Menschen?

Wir alle sind Schöpferwesen und dennoch letztlich eine Schöpfung des großen Einen. Er/sie hat alle Fäden in der Hand. Niemand, keine Bewusstseinseinheit, ist davon ausgeschlossen. Damit will ich sagen, dass alles Gott ist, niemand ist ausgenommen. Auch der, der nicht so aussieht und handelt, als würde er der Quelle allen Seins entspringen. Jeder und alles hat einen göttlichen Kern, auch wenn man den nicht gleich erkennen kann. Eine hohe Sichtweise macht es jedem Menschen leichter, das wieder in sich selbst zu spüren. Ganz tief in einem drin ist der Kern, der nicht dualistisch ist. Und das, was man oft sieht, ist die harte Kruste der erlernten Dinge, die diese Dualität ausmachen. Ich weiß, du hast dich damit schon lange beschäftigt. Aber ich weiß auch, dass du jetzt viel mit der Umsetzung dieser Erkenntnis zu tun hast. Und das ist sicher auch nicht leicht. Ich sehe das wohl. Viele von den schon weit entwickelten Lichthaltern sind in den Netzen der Wertung gefangen. Du beginnst jeden Morgen schon damit. Die Bewertung von allem macht das Leben nicht einfach. Aber es wird immer besser. Wie wäre es, wenn du die Dualität einfach nicht als gegeben annimmst? Unmöglich sei dies, sagst du. Warum bist du davon überzeugt? Du bist doch in deinen Meditationen und geistigen Reisen auch jenseits davon. Da bist du vereint. Wenn du genüsslich dein Eis verspeist oder entspannt mit deinem Fahrrad den Deich oder den Bergpfad entlang fährst, bist du ganz eins mit dir selbst. Jenseits der Dualität bist du dann und frei von Bewertungen. Du bist nicht in das morphogenetische Feld allen Erdenseins eingetaucht. Das ist das Phänomenale an dem neuen Weg der Menschheit. Wenn du tief in dir selbst verankert bist, so wie ein Kind dies tut, wenn es ganz mit sich spielt, dann bist du tief mit der Göttlichkeit verbunden. Da gibt es keine Dualität und alles ist einfach. Es ist dieses herrliche Göttliche Feld, das du genießt und das dir das Gefühl des Glücklichseins gibt. Und urplötzlich, vielleicht beim Radeln durch das Gehupe eines Autos, oder wenn du mit Eis an deinen empfindlichen Zahn kommst, bist du, schwupp, in der Dualität. Du beginnst dich zu erschrecken, vielleicht sogar zu ärgern. Du bist unwirsch, weil man dich aus deiner tiefen göttlichen Einheit herausgerissen hat.

Wahrlich, es ist eine Kunst, bei allen Tätigkeiten des Tages dennoch tief mit der göttlichen Einheit verbunden zu sein. „Das geht nicht!" sagst du? Doch, ich weiß es besser. Es funktioniert prima, wenn du dir dessen bewusst bist, was immer du auch tust. Wenn deine Kinder nach Hause kommen und dich herauslocken aus dem tiefen Sein und gleich mit irgendeinem Problem auf dich zukommen, dann gehe in die körperliche oder geistige Umarmung und vermittle ihnen, dass kein Problem der Welt es schaffen kann, ihnen etwas anzuhaben. Sie agieren natürlich in ihrer Welt noch stark in der Dualität, auch oder gerade wenn sie möglicherweise eines der neuen Kinder sind. Aber du hilfst ihnen, diesen Weg anders zu gehen. Du könntest ihnen sicherlich meine Worte wiedergeben, aber das würden sie nicht verstehen oder als verrückt abtun. Oder sie verstehen es, zweifeln aber, dass es umsetzbar ist. Du bist der Pol, der ihnen vermittelt, dass es doch machbar ist, weil du es vorlebst. Du versuchst immer wieder, ihnen die Wärme und Güte des göttlichen Kerns zu vermitteln. Egal ob es um eine schlechte Schulnote geht oder ein Loch im Schuh oder eine tiefe Wunde im Bein. Du wirst dich mit deinem Höheren Selbst verbinden und dich somit in der Lage befinden, all das zu tun, was getan werden muss. Aber ohne Drama, ohne Geschimpfe oder Verurteilung und ohne das Gezeter von Wenn und Aber. Du handelst klar und freundlich und bist voller Verständnis und Liebe. Ebenso schaffst du es, auch deinen eigenen Bereich zu erhalten, wenn man die Grenzen zu dir überschreitet. Ich meine damit, dass auch du Zeit für dich brauchst, die darfst und musst du dir sogar nehmen, um dieses starke Licht in dir noch mehr durchkommen zu lassen. Erinnerst du dich, das ist der Grund, warum du hier bist?!

Wenn es dann darum geht, mit Obrigkeiten klarzukommen, zum Beispiel einen Brief vom Rechtsanwalt wegen eines Unfalls zu verarbeiten, wirst du es schaffen, mit deinem Göttlichen Sein den Weg klar zu gehen und, kombiniert mit dem Rat eines guten Anwalts, die Sache so zu Ende bringen, dass es für alle gut ist. Deine Art und Weise, dies zu bearbeiten, sei es auch die Kündigung deiner Arbeit oder die deines Mannes, der für alle finanziellen Dinge aufgekommen war, alles lässt sich mit einer höheren Sicht, mit Klarheit und Herzensengagement aus den höheren Ebenen bewältigen. Die Kunst ist, sich nicht aus der Bahn werfen zu lassen. Egal, was geschieht, bleib bei dir. Ich kann das nicht oft genug betonen. Du musst wahrhaftig sein, authentisch, deine Emotionen im Zaune halten und mit viel tiefem Atem das durchkommen lassen, was außerhalb der Dualität liegt. Du denkst jetzt wahrscheinlich: „Saint Germain hat gut reden. Der ist nicht mehr hier." Weit gefehlt, meine lieben Freunde, ich bin da, ich nehme alles wahr. Und ich kann dir versichern, dass in der heutigen Zeit einige Dinge sehr viel leichter zu leben und zu überwinden sind. Bedenke, in vielen anderen Zeiten, die du gut kennst, gab es nicht so viel Rechte für alle Menschen, nicht so viele Möglichkeiten, sich zu verwirklichen. Deshalb bist du auch hier und jetzt in diesem Gebiet inkarniert. Hier sind alle Möglichkeiten gegeben, um gezielt außerhalb der Dualität zu wirken und somit Veränderungen zu schaffen. Du brauchst dich nicht mehr zu fürchten, eingekerkert zu werden, weil du deine Meinung sagst. Wenn dir irgendwelche Knüppel zwischen die Beine geworfen werden, oder dein

Ansehen leidet, das ist zu verkraften. Aber du bist nicht auf dem Schafott, wie zu früheren Zeiten. Fühl einmal in diese Aussage hinein. Erinnerst du dich, wie du umgebracht wurdest, nur weil du Worte Gottes verkündet hast? Viele von euch haben dies erlitten. Freue dich über die Chance, jetzt hier zu sein, in deinem Land in Europa oder Übersee, wo man sich bewegen und auch etwas bewegen kann. Das ist nicht überall auf der Erde so.

Damit komme ich zu einer Sache, die ich oft nicht sehen kann, und das ist die Dankbarkeit. Bist du dankbar, einen so wundervollen Körper zu besitzen? Bist du für die vielen Gelegenheiten dankbar, in denen du lernen durftest? Bist du dankbar, eine so liebe Familie um dich zu haben, die dir die Chance gegeben hat, hier zu sein? Egal, was am Rande dabei nicht so schön war. Bist du deinem höheren Selbst dankbar, dass es dir die Chance gab, hier diese Dualität zu erfahren? Zeigst du Dankbarkeit, indem du Freude lebst und auch viel lachst? Lachen ist wirklich die beste Medizin für all den Kummer und das Leid, was du zu haben meinst. Alle Besorgnisse sind Illusion. Denke darüber einmal länger nach. Was ist wirklich so schlimm in deinem Leben, dass es nicht geregelt werden könnte? Selbst harte Situationen können beigelegt werden, und die schwerste Krankheit hat immer eine Heilungschance, du musst sie nur leben wollen. Dahinter verbirgt sich eine große Weisheit.

Nun kommen wir noch zu den lieben Mitmenschen. Sie sind um dich herum und agieren, sind in ihr Leben genauso eingefangen wie du, mehr oder weniger. Es gibt die, die sich abschotten und nicht am irdischen Leben teilnehmen. Es werden immer mehr, die sich zurückziehen und den neuen Medien ihre große Aufmerksamkeit zollen. So stark, dass sie alles um sich herum vergessen. Das ist verständlich, denn mit diesen Medien sind große Suchtpotenziale verbunden. Und viele von den jüngeren Menschen haben, äußerlich gesehen, keine Zukunftschancen. Aber auch das ist Illusion. Die liegen vielleicht nur nicht im Bereich des Sichtbaren. Da sind die geistigen Augen gefragt.

Wenn du dich ganz normal, wie du sagen würdest, im täglichen Leben bewegst, hast du ständig Kontakt mit Menschen, nicht wahr? Die Dame, bei der du die Zeitung kaufst. Oh, ich vergaß deinen Partner oder die Kinder, die dir schon am Morgen vielleicht ein bisschen die Ruhe rauben. Dann triffst du auf Arbeitskollegen und auf deine Abteilungsleitung oder welche Person dir immer auch etwas zu sagen hat. Das wäre der normale Beziehungskreis. Was tust du, wenn sie dir nicht mit Wohlwollen begegnen? Ziehst du dich zurück oder gehst du in die Konfrontation? Bist du bei der Konfrontation sachlich oder fühlst du dich angegriffen? Dann hast du sicher noch etwas mit dem Menschen oder generell mit dem Thema zu tun. Nichts ist zufällig. Du bist in Resonanz mit dem Thema, das diese Situation betrifft. Dann wäre es ratsam, tief Luft zu holen und sich nicht aus der Fassung bringen zu lassen. Alle Begegnungen sind mit dem morphogenetischen Feld verbunden, vergiss es nicht. Sei entspannt und begegne der Lage erst mal ganz ruhig oder eher abwartend. Wenn du später mit dir allein bist, kannst du die Sache aus einer höheren göttlichen Sicht betrachten. Dann werden dir die Augen geöffnet und du erkennst, warum der oder die dir nicht so wohlgesonnen ist. Ob das vielleicht gar nichts mit dir zu tun hat, du warst nur grad in der Nähe? Vielleicht habt ihr aber persönlich noch etwas offen aus einer anderen Zeit. Oder du bist eine Person, die grad ein Thema mitbringt, was den anderen beschäftigt. Du bist in Resonanz zu alledem.

Wenn du das wirklich umsetzt und dich nicht ärgerst oder in Beschuldigungen oder gar Selbstbeschuldigungen gehst, dann lebt es sich wirklich leichter.

Ich rate dir auch, oft nicht so viel zu entgegnen, wenn du verbal angegriffen wirst oder aufgefordert, du mögest Stellung beziehen. Sei sparsam mit deinen Worten, geize mit ihnen. Unbedachte Worte haben auch ihre Wirkung. Vertage im Zweifelsfalle das Gespräch, bitte um etwas Geduld.

Ich könnte jetzt viele Beispiele dafür nennen, aber du weißt, was ich meine. Lass es einmal in deinem Gefühl umhergehen. Gibt es deiner Meinung nach irgendeine menschliche Begegnung, die nicht so geregelt werden könnte? Das gilt sogar für gewalttätige Begegnungen. Aber auch hier muss ich bemerken, dass diese Begegnungen bei den Erwachten eher weniger zu den Lernthemen gehören. Bei euch geht es mehr um die Kraft der Gedanken und die der Worte und darum, die Emotionen zu glätten und klar aus einer freien Zone heraus eine Klärung zu schaffen.

Nochmals möchte ich bemerken, dass du, wenn du in solchen Situationen in diese tiefe Verbindung zum wahren Sein gehst, aus der Dualität heraus bist. Und die Kunst ist, dieses in den Alltag zu bringen. Dann werden sich die Steine, die man dir entgegenwirft oder in den Weg legt, in Liebe auflösen und nicht mehr wirken. Das ist ein weiterer Schlüssel zur Interdimensionalität. Du kannst auch bei allen privaten, täglichen Begegnungen das Werkzeug der Umarmung einsetzen. Das muss nicht körperlich sein, manchmal wohl auch ein wenig unpassend. Aber geistig wirkt es immer. Wobei du dabei bedenken solltest, dass dein Wunsch bezüglich des Ausgangs eines Konfliktes sehr persönlichkeitsbezogen sein könnte. Wie wäre es, wenn du global denkst? Wenn du wirklich mit allem und allen verbunden bist, ist ein Verlust, ganzheitlich gesehen, eigentlich gar keiner, oder?

Europa als Chance
für wahre globale Weltpolitik

„Humor ist, wenn man trotzdem lacht!" Das könnte mein Motto für die Aufgaben sein, denen ich just in diesem Moment, in dem Barbara diesen Text empfängt, nachgehe. Es ist der Weltklimagipfel in Toronto, der tagt und mich sehr auf Trab hält. Es gibt viel zu tun, und manche Dinge sind offensichtlich nicht nur mit der Liebe einer herzlichen oder geistigen Umarmung erledigt. Wie ein Haufen Flöhe, so würdest du es vielleicht beschreiben, gebärden sich die Teilnehmer dieses Treffens. Ständig sind alle in Bewegung und versuchen erst einmal, ihre Persönlichkeit zu positionieren. Wahrlich, ich sage euch, wenn ihr sehen könntet, wie so etwas abläuft, würdet ihr erst einmal laut lachen und dann den Kopf schütteln. Ich möchte diese Menschen nicht bewerten, ich möchte nur vermitteln, dass sie alle noch tief in die Materie verstrickt sind. Da sind die, die zum ersten Mal dabei sind, weil sie neu im Amt sind, um ihr Land zu vertreten. Sie brauchen eine Zeit, um sich zurechtzufinden. Sie schauen etwas verlegen nach links oder rechts oder sie treten nach außen sehr überzeugend auf, denn es ist nicht leicht, hier seinen rechten Platz einzunehmen. Dann sind die alten Hasen dabei, die sich alles gleich so einrichten, wie es bequem für sie ist. Sie wissen längst, dass nicht alles so heiß gegessen, wie es gekocht wird. Und viele von ihnen haben verstanden, dass meist nicht das umgesetzt wird, was eigentlich wirklich anstünde. Es ist ein ziemlich, ihr würdet sagen, abgekartetes Spiel. Die Macht, die Lobby, die hinter diesen Treffen steht, hat längst die Spielregeln festgelegt.

Doch diesmal ist es etwas anders. Genauer gesagt, war es schon beim letzten Gipfeltreffen so. Es kommt eine neue Kraft, eine intelligente Energie ins Spiel, die nicht so recht greifbar, aber doch deutlich fühlbar ist. Und diese Kraft ist in jedem Teilnehmer spürbar. Ich hab das schon öfter angedeutet: Diese Treffen sind natürlich auch von uns begleitet. Wir dürfen und tun dies sehr gern, die Gespräche begleiten und sie mit der göttlichen neuen Energie unterlegen. Und das bringt mit sich, dass viele der Teilnehmer, ob nach außen hin wichtig oder nicht so entscheidungstragend, ihr Verhalten ändern. Es kommen ihnen Ideen und Vorstellungen in den Sinn, und das ist wörtlich zu nehmen, die ihnen vorher unbekannt waren. Es sind Zusammenhänge, die wir ihnen vermitteln, die sie in der Form noch nicht erkennen konnten.

Weißt du, es gibt eine bekannte Sichtweise, wie Finanzen und weltpolitische Entscheidungen logisch zu erfolgen haben. Das hat mit vergangenen Geschehnissen, Abhängigkeiten und machthaberischen Spielchen zu tun. Und Geld folgt bekanntlich bestimmten Gesetzen, die wirklich nur durch den Verstand geleitet werden. Aber die Sichtweise kann auch ganz anders sein. Man kann Geld als Energie erkennen, die auch die Qualitäten von Energie hat. Demnach können Dinge und neue Perspektiven entstehen, die nicht in die allgemeine Sichtweise hinein interpretiert werden können. Es ist das spirituelle Erwachen, das einigen Damen und Herren der führenden Persönlichkeiten widerfährt. Ich erlaube mir, mit vielen Helfern da ein wenig nachzuhelfen. „Nichts ist so, wie es scheint", sagt mein Freund Kryon gern. Und das passt hier ganz besonders. Die neuen Ideen der Finanzen und der damit verbundenen Weltpolitik können auch ganz andere Wege gehen. Und das ist meine Aufgabe, die zu vermitteln. Es werden Ideen von uns eingegeben, die diesen Vorstellungen entsprechen. Und so laufen Vorträge plötzlich in eine andere Richtung. Es stehen Menschen auf, die nicht so wichtig im großen, netzartigen Gefüge der Wirtschaft erscheinen, die mutig neue Ideen einbringen, eigentlich ohne dass sie es wollten. Es wird durch sie gesprochen. Wir legen damit langsam neue Bahnen der Entwicklung an. Es wird sich langsam entwickeln. Und wie zu beobachten ist, ist der Deckmantel, den viele Politiker tragen, schon zur Hälfte weggezogen. Sie entblößen ihr wahres Gesicht.

Und wenn wir ganz ehrlich sind, haben wir bereits gewusst, dass einige der bekannten Politiker nicht das repräsentieren, was sie wirklich wollen. Dieses Netzwerk, das auch mit gewissen Verbindungen verknüpft ist, die man unter anderem Freimaurer oder Logen nennt und andere familiäre Verbindungen, ließ Jahrhunderte lang nicht zu, dass sich ganz neue Ideen behaupteten. Ich glaube, ich sage nichts Neues, wenn ich dir vermittle, dass es eine Gruppe von Menschen ist, die auch durch Blutlinien miteinander verbunden sind, die die Fäden in der Hand halten. Das ist immer noch so, doch es tut sich viel. Frisches Blut, im wahrsten Sinne des Wortes, mischt sich ein. Es sind die Kinder derer, die die Macht festhalten, die zum Teil anders denken und es gern umsetzen wollen. Es sind auch die neuen Kinder, die teilweise in diese Familien hineingeboren sind. Nichts ist zufällig. So ist im Göttlichen Plan auch dieser Schlüssel enthalten. Seid gewiss, es tut sich viel, nur es ist nicht in den Zeitungen zu lesen. Es ist eine Wandlung auf leisen Sohlen.

Man kann nun nicht behaupten, dass völlig neue Entscheidungen hier auf dem Gipfel getroffen werden. Man bleibt bei seinen Hauptlinien, aber die Zwischenentscheidungen, die lauten Nebenrufe werden in diesen Plan hineinplatziert. Es treten Menschen mit ihrer göttlichen, strahlenden Energie in Erscheinung, die einen Wandel auf wirklich leisen Sohlen einleiten. Sei einmal aufmerksam und beobachte, wo welche Politiker jetzt ihren Sessel räumen. Freiwillig oder auch lanciert. Da kommen andere, neue, herzensorientierte Menschen an die Macht.

Ein paar der alten Energieländer werden ihr Zepter nicht freiwillig hergeben. England ist ein Land der konservativen

Haltung, da stecken viele alte Energien und wirtschaftliche Interessen dahinter, die auch mit den Außerirdischen zu tun haben. Ich möchte darauf nicht näher eingehen. Aber wenn du hinein fühlst, dann weißt du, was dort gespielt wird. England hat schon immer eine enge Verbindung zu den Mächtigen auf der andere Seite des Ozeans gehabt. Da sind ganz alte Verbindungen, die bis nach Atlantis zurückreichen. Und ich meine damit nicht die Zeiten des Friedens und der Weitsichtigkeit. Ich spreche von der Ära, die den Untergang einläutete. Die dortigen Platz- und Energiehalter sind wieder auf der Erde und bekleiden einige wichtige Posten und leiten Königshäuser. Lass dich nicht von angeblichen Inaktivitäten der führenden Könige täuschen. Sie halten immer noch viele Fäden in der Hand. Wer sich ein bisschen mit der Geschichte dieser Familien beschäftigt hat, der kann viele dieser Fäden verfolgen, die sich wie ein Knäuel in Europa aufspulen. Ein Hauptknotenpunkt ist übrigens Deutschland, obwohl es keinen König mehr in diesem Lande gibt!

Hier auf dem Gipfel haben die europäischen Länder nicht das große Sagen, aber sie sind wichtige Entscheidungsträger, das ist nicht zu leugnen. Sieht man ganz genau hin, dann sind da die, die europäische Interessen stark vertreten. Und andere beugen sich dem allgemeinen Klima, um ihre Exporte nicht in Gefahr zu bringen. Wer hält die meisten Waffenlieferungen in Schach? Die Europäer. Hier werden viele Waffen produziert und an die Kriegsgebiete geliefert. Wer kann das verändern? Denn das ist wahrlich ein Schritt, der ansteht. Wenn überhaupt keine Waffen mehr geliefert werden würden, dann könnten die meisten Kriege in der Form nicht stattfinden. Wer sind diese Menschen, die das noch immer verantworten? Alte Atlanter sitzen an den wichtigen Stellen. Aber dort wird sich auch ein Wechsel anbahnen.

Das irdische Leben ist begrenzt, und wenn du genau hinschaust, siehst du an wichtigen Stellen alte Menschen, die noch den Stab halten. Die neuen haben andere Ideen und sind in ihrer DNS schon ganz anders interdimensional verbunden. Sie haben nicht mehr den dualistischen Blick, sie schauen weiter und sind mit den geistigen Ebenen gut verbunden. Sie müssen nicht mehr das tun, was viele von euch immer wieder probieren: Die meisten jungen Leute haben fast automatisch einen guten geistigen Kontakt und können sich mit uns unterhalten. Das bringt der Wandel mit sich. Diese neuen Kinder, von denen so oft gesprochen wurde, sind nun erwachsen und treten in die Fußstapfen der alten Garde. Ist das nicht eine wunderbare Nachricht?

Wie bei allem höhlt steter Tropfen den Stein. Ich kenne viele von den Hiobsbotschaften über die alten Logen, die Freimaurer und ähnliche Gemeinschaften. Ich kenne die Idee des Salomonischen Tempels, die Idee einer einheitlichen Weltordnung. Nur all diese Theorien haben die Rechnung ohne den Wirt gemacht. Der Gott der Erde ist ein dualistischer Gott, wie schon erwähnt. Der eigentliche Herr allen Seins aber hat letztlich das Sagen über das Geschehen auf der Erde. Richtig ist, dass es weiterhin einen kleinen Kampf zwischen den alten und neuen Herrschern geben wird. Richtig ist auch, dass das noch ein wenig andauern und Auswüchse annehmen wird, die man sich nicht vorstellen kann. Aber der Gipfel ist fast erreicht, und nun beginnen die neuen Ideen, sich zu entfalten. Den Samen haben viele der Eingeweihten gelegt. Der Samen von Lemuria, von Almonisia – einer nicht überlieferten Zivilisation – und von Uratlantis und anderen früheren Zivilisationen ist am Keimen. Bedenkt, dass alle Zivilisationen hier ihre Energie gelegt haben. Nichts ist fort, alles ist da. Es muss nur entweder transformiert werden oder sich wieder neu etablieren. Die alten Kämpfer sind wieder inkarniert und haben sich in den letzten hundert Jahren bemüht, noch einmal ihre alten Erfahrungen zu durchleben und zu einem guten oder schlechten Ende zu bringen. Beides geschah. Sie sind dabei, die Erde zu verlassen. Die schon seit einiger Zeit Geborenen sind von einer anderen Art. Sie erkennen die Samen und wissen, die müssen gut begossen werden, damit sie erblühen. Sie brauchen auch Schutz und Pflege. All das tun die neuen Menschen der Erde. Es fließt die neue Energie bereits in ihren Adern. Und das vergessen die Vielen der Alten, die noch immer an den Dogmen festhalten, die ein Gerüst für die neue Weltregierung sein sollen.

Europa war einst eine Schleuse für Neuankömmlinge, das hängt mit seiner geografischen Lage zum Nordpol zusammen. Es sind außerdem ein paar Eingänge zum Inneren der Erde hier, die nicht sehr bekannt sind. Es gibt außerdem über einigen Gebieten Lichtstädte, die intensiv auf diesen Kontinent einwirken. Hier hatten sich einige der Urvölker etabliert und sind in tiefer Verbindung zu den Lichtstättenbewohnern gewesen. Das Ganze hängt auch noch mit einer bestimmten Konstellation zusammen, die Europa, astronomisch gesehen, zum Kern der Galaxie hat. In bestimmten Zyklen, die mit der Erdrotation zusammenhängen, trifft dieses Gebiet mit einem weiteren Punkt in der Erde und einem bestimmten Punkt des Kerns der Galaxie zu einem Dreieck zusammen. Einfach ausgedrückt, ist das wie ein Energiepunkt, der entsteht. Diese Energie bildet die Grundlage für gezielte Informationen und Erkenntnisse, die hier gemacht werden. Das mag sehr weit hergeholt anmuten. Aber es entspricht der Wahrheit. Europa, das Zentrum von Europa, ist der Brennpunkt für wichtige Erfindungen und Erkenntnisse schon immer gewesen. Und dies geschah immer in bestimmten Intervallen. Dem liegt ein Rhythmus zugrunde, den man bei intensiver Beschäftigung mit den Daten nachvollziehen kann.

So ist das Zentrum von Europa unabhängig von den Machthabern, die jetzt das Zepter halten, dabei, sich neu zu erfinden. Von hier aus sind die Ideen und Vorstellungen für ein neues Europa zu spüren. Hier wird etwas

Bahnbrechendes auf die Beine gestellt, das viele zur Nachahmung anregt. Europa ist, rein logisch betrachtet, für Ost und West ein neutrales Gebiet gewesen, aber jeweils auch eine gute Verbindung zur anderen Seite. Die letzten hundert Jahre zeigen das sehr deutlich. Aber dem Ganzen liegt etwas ganz anderes zugrunde. Nämlich die eben beschriebene geistige Verbindung. Lasst uns schauen, was das wirklich für die Erde und für Europa bringen wird:

Was bei den ganzen äußerlichen Verhandlungen, bei welchem Gipfeltreffen auch immer, sehr außer Acht gelassen wird, ist natürlich die geistige Komponente – diese Macht, die jenseits der Dualität die Fäden hält. Diese irdischen Treffen sind von logischer Verstandesseite aufgebaut und lassen die göttliche Urschöpfung nicht durchkommen. Ich meine ganz besonders den Aspekt der Göttlichen Mutter, der unter anderem auch von der Erde repräsentiert wird. Die Erde ist natürlich männlich und weiblich. Aber als Form der Instanz für die Menschen ist sie die Mutter. Sie trägt und nährt euch. Sie hält euch und gibt euch die Kraft zum Leben. Das lasst uns einen Moment erfühlen. Ertaste die Erde in ihrer Ganzheit und dann erfühle ihre Präsenz. Die Erde ist wach und lebendig. Sie ist das Wichtige für die Zeit der Inkarnationen hier in diesem System. Du hast die Erde für deine Erfahrungen ausgewählt. Sie ist verbunden mit der Göttlichen Großen Mutter, der Instanz, die jetzt die Führung übernehmen möchte. Sie hat ihren Weg verändert und beginnt das, was ihr angetan wurde, zu bereinigen. Das ist ein ganz normaler Vorgang in diesem Zyklus. Damit will ich sagen, dass die Göttliche Mutter das Zepter immer stärker übernimmt. Da sie in Liebe mit allen Wesen und auch der Erde ist, tut sie dies nicht abrupt, sondern mit viel Geschick, Ausdauer und Liebe, wie Mütter es eben so tun. Du kennst das selbst. Es ist überall für alle Menschen bewusst erfahrbar. Sie ist auch bei dem Gipfel präsent. Und ich, als Saint Germain bekannt, darf diese weibliche, kraftvolle Energie repräsentieren. Da bist du sicher erstaunt, weil du mich als männlich wahrnimmst? Ich darf die Göttliche Mutter und ihre Energie repräsentieren. Das tue ich mit all meiner Kraft, die auch männlich sein kann, wenn es um das Durchsetzen geht. Die Kanäle werden manchmal mit der männlichen Kraft für die Weiblichkeit eingesetzt.

Europa ist der Göttlichen Mutter sehr wichtig. Sie sieht hier die starke Kraft der Regeneration. Wo in anderen Gebieten noch viel dualistisch gekämpft wird, ist hier das Urweibliche dabei, sich neu zu gebären. Ich spreche in diesem Zusammenhang auch von den östlichen Gebieten von Europa. Diese Gebiete erfahren eine große Säuberung von totalitären Regimen, eine starke Transformation der gewalttätigen männlichen Seite, und sie holt das Urweibliche, das in Osteuropa stark verankert ist, ans Licht. Die Weiblichkeit putzt sich und raschelt dann mit ihrem mütterlichen Rocke, um die Menschen mit diesem in Liebe zu bedecken.

Europa wird sich aufbäumen gegen die westlichen und östlichen Vorgaben. Damit meine ich auch die, die von dem neuen Riesen China herüberreichen. Europa und Asien haben seit langem alte Verbindungen, die reichen zurück bis vor die Zeitrechnung. Viele Wanderungen der Urvölker nahmen so ihren Lauf. Vieles, wie schon im letzten Buch beschrieben, kam vom hohen Norden herunter in die östliche Welt über den Kaukasus. Das lässt sich geschichtlich gut belegen. Asien und Europa heilen langsam die Wunden ihrer alten Bande. Das bedeutet auch Unabhängigkeit für beide Teile. Man bewerte nicht vom jetzigen Standpunkt aus. Dass China eine so große Machtstellung einzunehmen versucht und teilweise auch hält, ist ein Ausgleich aus anderen Zeiten. Dass einiges in Bahnen verläuft, die Europäer nicht nachvollziehen mögen und eher als Rückschritt ansehen, hat mit denen zu tun, die jetzt in Europa inkarniert sind. Es sind viele alte Lemurier, die jetzt die Energien wieder beleben wollen, die im Inneren der Erde seit langem gehalten werden. Die Fäden werden von den hohen Lichtstätten über Europa in die Erde hinein in Richtung Osten gespannt. Das ist der Weg der Weisheit. Auch das lässt sich gut übers Gefühl wahrnehmen. Ich verbinde dich gern mit der Lichtstätte des Arkturus über Berlin. Hier laufen einige Fäden zusammen. Fühle dich in Arkturus Lichtstadt hinein. Er wird dich liebevoll begrüßen, wenn du nähertreten magst. Dann erfühle die Verbindungen. Da ist eine uralte Verbindung von Europa nach

Tibet. Das hat etwas mit einem Tunnel zu tun, der schon seit langer Zeit innerhalb der Erde beide Gegenden miteinander verbindet. Energetisch gibt es jetzt eine starke Verbindung von Europa nach Chile in den Anden. Es ist ein uralter Verbindungspunkt, der wiederum mit Atlantis zu tun hat. Dort haben nach dem Untergang ein paar der Eingeweihten Zuflucht gesucht und altes Wissen verankert. Dieser Punkt wurde ihnen aus höchster Ebene durchgegeben. Aus der Ebene, wo Zeit und Raum keine Bedeutung haben. Dieser Punkt, dieses Gebiet ist heute der Platz, an dem die Kundalinienergie der Erde sich neu etabliert hat. Das wiederum hat mit dem neuen Weg der Erde zu tun, der Erhöhung der Schwingungsfrequenz und der damit verbundenen großen Veränderung, dem göttlichen Wandel deiner Mutter.

Nun mag der Eindruck entstehen, dass alles Neue von Europa aus geschehen würde. Das ist nicht so zu verstehen. Aber von hier aus werden viele Neuerungen eingeleitet. Das geschieht natürlich auf geistiger Ebene, um sich dann fortzusetzen. Es kann auch lediglich ein Anstoß sein, der hier gesetzt wird, um sich dann in anderen Ländern zu etablieren. Es geht letztlich auch um gemeinschaftliches Denken und Agieren. Das ist eines der wichtigen Erkenntnisse dieser Zeit. Alle Menschen sind hier, um Erfahrungen zu machen. Alle Menschen entstammen einem Gott und werden dies immer mehr erkennen. Damit fallen die Schranken der Begrenzung. Das ist gemeint, wenn wir sagen: In jedem Menschen wohnt ein göttlicher Kern. Wenn dieser erkannt und gelebt wird, sieht man auch in jedem anderen Menschen den göttlichen Kern. Daraus entwickelt sich wahres Mitgefühl und Anerkennung für den anderen. Egal, welche Hautfarbe oder welchen Glauben der andere Mensch hat beziehungsweise lebt. Die allumfassende Liebe wird dies bewirken. Dann denkt niemand mehr in begrenzenden Dogmen. Warum auch? Das ist der wahre Weg in die Freiheit. Und dann leben die Menschen gemeinschaftlich und in Nächstenliebe die neuen alten Erfindungen, sie arbeiten gemeinsam an neuen Technologien, die jetzt für die Menschheit wichtig sind, denn sie sind reif dafür.

Doch vorher muss diese Begrenzung überwunden werden, daran arbeiten wir, ob auf dem Gipfel in Toronto oder bei Besprechungen über Waffenlieferungen nach Afrika. Lasst uns gemeinsam die Kraft von Europa stärken, damit von hier aus wahre, friedliche Gedanken den ganzen Globus erfassen. Europa hat durch die hohe geistige Führung die Kraft und liebevolle Macht, die Erde wahrhaft zu einem Planeten der Liebe zu globalisieren. Ist das nicht ein wundervolles Ziel?

Die nächsten Machthaber und ihre Themen

Lass uns noch einmal ganz eng zusammenrücken. Lass uns feststellen, dass wir ein Teil von Gott sind, und lass es uns inniglich fühlen, wie es ist, in dieser Verbindung zu sein. Das ist wichtig, damit du das Nächste, was ich jetzt erzähle, göttlich aufnehmen kannst. Es gibt die Menschen, die voller Ungeduld und Vorfreude sind, was den Aufstieg der Erde anbelangt. Dann gibt es solche, die sich sehr erregen über die Vorkommnisse, die hier auf der Erde zurzeit geschehen, und ihren Fokus ganz darauf richten. Nehmen wir das Unglück des Ölaustritts in Amerika. Ist es wirklich Zufall, dass es geschah? Sicher nicht. Zum einen kann es das vermitteln, was ihr alle wisst, nämlich dass es an der Zeit ist, auf die Natur Rücksicht zu nehmen. Oder besser gesagt, die Natur bezeugt euch damit, dass sie nicht zu bezwingen ist. Das ist sicher einen Moment oder auch etwas länger des Nachdenkens wert. Und es ist wahr und nicht von der Hand zu weisen. Es könnte aber auch sein, dass diese Vorkommnisse auf eine Unachtsamkeit der Betreiber zurückzuführen sind, die nicht ordnungsgemäß und verantwortlich mit dieser Baustelle umgegangen sind. Waren da möglicherweise am großen Schalthebel alte Atlanter am

Werk? Es wäre ebenso möglich, dass das Ganze etwas Inszeniertes ist. So wie der Sturz der beiden Türme in New York auch nicht das Werk von Terroristen war. Ich will hier nicht in Verschwörungstheorien verfallen. Das macht wenig Sinn.

Höre nun gut zu, dies ist meine wichtige Aussage in diesem Buch: Alles, was geschieht, ist mit den Gedankengängen der Menschheit verbunden. Alles. Und wenn sie nicht von den Menschen gemacht sind, dann wurde manipuliert. Man kann heute, und tut es auch, das morphogenetische Feld bewusst speisen. So wie ich allen Lesern auch empfehle, wenn ich sage: Umarme alles, gib Liebe in alles hinein, so kann das Feld ebenso für niedere Zwecke manipuliert werden. Das geschah schon zu allen Zeiten. Ganz bewusst hat man Kathedralen, Kultstätten und andere wichtige Treffpunkte der Menschen auf Plätze gesetzt, die mit den verschiedenen Gittern der Erde eng verbunden waren, und diese genutzt. Das war die wahre göttliche Architektur. Da wurde nach dem Bauplan Gottes gebaut. Das bewirkte, dass die Menschen sich dort ganz besonders wohl fühlten oder mit neuen, vielleicht auch nicht immer ganz freien Gedanken nach Hause gingen. Es wurde eben auch benutzt, um Menschen an sich zu binden, zum Beispiel mit den dogmatischen Ideen der Religionen. Ich erzähle dies nicht, um Angst zu stiften, das muss ich immer wieder betonen, nur weil ich dir vermitteln will, wie heute noch und wieder gearbeitet wird und welche Auswirkungen das hat.

Deshalb ist es so wichtig, ganz bei sich zu bleiben und vor allen Dingen keine Angstgedanken zu erzeugen und sich nicht in Schimpftiraden oder Verwünschungen zu ergehen. Das ist genau das, was die reinen, göttlichen Gedanken wieder unterwandert.

Könnte es sein, dass dies von einigen so gewollt ist? Meine Information dient dazu, dir eindringlich zu vermitteln, wie wichtig es ist, sich nicht irritieren zu lassen. Alle diese Versuche gewisser Obrigkeiten, die Menschen zu manipulieren, können nur wirken, wenn der Mensch sich darauf einlässt. Wer das alles weiß, sich ganz auf sich besinnt, der ist stets mit der göttlichen, hohen Welt in gutem Kontakt und wird wissen, was der nächste Schritt ist.

Diese Vorinformation ist der Grundstock für dieses Kapitel.

Was ist mit den nächsten Machthabern und was sind ihre Themen?

Beginnen wir bei Europa. Die Herren und Damen, die hier die Zügel in der Hand halten, sind immer noch tief in alten Themen, die zurzeit auch etwas mit dem Zweiten Weltkrieg zu tun haben, befangen. Wer tief hineinfühlt, wird sehen, dass die Vernetzungen des Zweiten Weltkrieges, die zum Teil auch bewusst gelegt waren, jetzt noch einmal eine tiefe Kraft entwickeln. Das ist wie ein Aufbäumen, um sich dann endgültig aufzulösen. Es sind alte Energien, die hier gelebt werden. So kann man alle jetzigen Geschehnisse der Wirtschaft und Politik erklären. Es sind alte Verbindungen, die wie Fesseln wirken und die es oft nicht möglich machen, dass Entspannung, allgemeines Verständnis und Frieden entstehen. Alle jetzigen politischen Führer in Europa, auch die der Königshäuser, mögen sie nach außen hin auch nur als Staffage erscheinen, sind mit dem Zweiten Weltkrieg verknüpft. Sie sind entweder seit dem Zweiten Weltkrieg hier auf der Erde oder gleich nach dem Zweiten Weltkrieg geboren oder tragen die direkten Ahnenenergien in sich und halten damit das Alte aufrecht. Wenn man ganz tief in die Verstrickungen hineinfühlt, ist das sogar zu sehen. Wie sind die Vernetzungen der Machthaber? Wer außerdem noch ein bisschen mehr über die Geschichte der Familien weiß, den wundert nicht, wie das teilweise weit zurückliegend verbunden ist und noch immer gehalten wird. Diese Verstrickungen lösen sich jetzt.

Wer die Machthaber, unter anderem von Frankreich, Spanien, Italien und die von den östlich angrenzenden Ländern betrachtet, kann alte, kriegerische Denkweisen beobachten und eine gewisse Arroganz den Menschen im allgemeinen gegenüber, was wiederum mit herrschaftlichem, altem Denken zu hat. Es sind alte, eingefahrene Schienen, die auch mit alten Vorstellungen von gut und böse, arm und reich, gebildet und ungebildet zusammenhängen. Immer noch werden die Bildungschancen für alle zurückgehalten und beschränkt. Denn durch Bildung macht man Menschen wissend und gibt ihnen die Chance, zu erkennen, wer sie sind. Nun magst du einwenden, dass oft sogar ungebildete Menschen mehr Zugang zum Göttlichen haben als gebildete. Das ist generell richtig. Nur, wer von den heute ungebildeten Menschen hat noch den Zugang zum Ursprünglichen? Man hat es doch geschafft, alle Menschen zu zivilisieren, was in Wahrheit heißt, dass sie den materiellen Bedürfnissen unterworfen worden sind. Es ist richtig, dass die Naturvölker mit der Herzensbildung Zugang zu allem Wissen haben. Wir aber nahmen den Menschen diesen Zugang durch das Zivilisieren und die weiterhin wirkende Christianisierung. Im östlichen Bereich, bei den Staaten, die langsam in die EU aufgenommen werden (wollen), ist noch viel Ursprungswissen vorhanden. Dort ist übrigens das Urweibliche tief verankert. Was auch mit einem bestimmten Radius eines Meridianpunktes verbunden ist, der mit dem Sakralchakra der Erde zu tun hat. Dort ist die Mutter von allem aktiv. Viele der Alten dieser Länder halten dieses Wissen und warten, es den jungen Erwachten, den neuen Kindern, zu übergeben, um gehen zu können.

Zurück zu den Machthabern Europas. Sie lernen gerade, sich von den Bändern des großen Bruders zu lösen. Sie erkennen die Einschränkungen, die in dem Versprechen der großen Siegermacht liegen. Es sind auch die, die damals mit ihnen kooperierten und auch europäisch sind. Sagen wir einmal so: Europa ist nicht mehr Europa, so wie ich es zu meiner Zeit kannte. Es hat sich mit vielen anderen Völkern und Strukturen vermischt. Es wurde unterjocht, manipuliert und gesteuert. Doch langsam erwachen die alten, müden Knochen und stehen wieder auf und machen sich gerade. Denn es sind viele Menschen jetzt in Europa inkarniert, die schon oft hier waren, und auch die Initiatoren von Erfindungen und die großen Künstler, die seinerzeit hohe Schwingungen verankerten, die jederzeit wieder belebt werden können. Nicht umsonst haben so viele Menschen mit der Wirbelsäule und dem damit verbundenen Aufrichten zu tun. Es werden sich mehr die interdimensionalen Einsichten mit den alten vermischen. Und das geschieht durch die Öffnung der Herzen. Ich werde oft gefragt, wie das strategisch ablaufen würde. Viele sehr belesene Menschen fragen mich meist logisch, verstandesmäßig orientiert: „Wie wird die Reformation laufen? Wer geht, wer kommt?" Das ist eigentlich nicht von Wichtigkeit. Es sind die Strömungen, die aus dem Volke kommen, von jedem einzelnen, der aufsteht und sich wahrlich erhebt, was die Umwälzungen einleitet. Der Einzelne ändert sich und sein Leben, sodass der Rest mitzieht. Es wird nicht mehr so gut funktionieren mit dem Manipulieren der Einzelnen, das werden die Leitenden feststellen. Die Menschen haben durch die hohe Energie, die auf die Erde strömt, den erwachten Blick und sehen viele Dinge und Geschehnisse zusehends ganzheitlich. Und sie entwickeln auch jetzt ihre innerlichen Qualitäten: das Schauen mit dem Herzen, die Möglichkeit der Aurasichtigkeit, das Hellsehen, das Schneller-etwas-in-die-Materie-bringen, das In-die-Zukunft-Schauen. Alles offenbart sich jetzt fast jedem Menschen, der sich aufmacht, zu erwachen.

Damit kommt automatisch das Eigenverantwortliche und das Aus-dem-Herzen-Denken. Das bleibt nicht aus und wird sich vervielfachen. Es geht herum wie ein Lauffeuer. Es ist nicht mehr so wichtig, auf die Straße zu gehen und zu demonstrieren. Manchmal ist es empfehlenswert, um andere zu erwecken. Aber generell gehen die Veränderungen über den menschlichen Geist und werden heruntermanifestiert über die Gedanken und folgende Taten.

Sehen wir uns noch einmal alle Damen und Herren der europäischen Führungselite an, auch die Nachkommenschaft, soweit sie schon präsent ist. Sie werden sich selbst ablösen, sie werden gehen, weil sie die Kraft nicht haben werden, diese großen Neuerungen zu tragen. Sie haben vielleicht andere Schritte eingeleitet, die wichtig waren, und dafür auch mit anderen kooperiert, wie das immer so üblich war, frei nach dem Motto: Bist du in meiner Show, bin ich in deiner Show. Viel drehte sich um Geld und Macht, wie sich immer noch vieles um diese Dinge dreht. Aber die Nachkommen der Elite werden nicht mehr so denken (können) und handeln. Das erlaubt das morphogenetische Feld nicht mehr. Das funktioniert nicht. Das ist wie gegen Windmühlen laufen. Neue Ideen etablieren sich, manchmal mit Kämpfen, vielfach jedoch einfach so, ganz leicht, ohne viel Aufhebens. Dann haben die, die an der Macht sind, die, die dann gewählt werden, die Chance, sich dem zu öffnen oder wieder die alten Schienen zu wählen oder sich steuern zu lassen. Was werden sie tun? Ihre

Entscheidung ist nicht so sehr von Wichtigkeit, weil es sich kurzfristig automatisch reguliert. Sie gehen und andere kommen nach, die dem Neuen Denken entsprechen. Es ist wie eine Göttliche Hand, die das regeln wird. Deshalb sind Namen nicht wichtig, sie sind eher flüchtig. Der wahre Geist, der sich von oben durch die Materie arbeitet, ist maßgebend. Er wird in die Menschen einströmen, die das Potenzial dafür haben. Das ist jetzt schon so. Nur manche sind noch nicht in ihrem Aufgabenfeld. Die meisten stehen an den Startplätzen und warten auf den Schuss, dass es losgeht. Und das Verrückte ist, wahrscheinlich wissen sie nicht einmal, wie, wann, was, wo geschehen wird. Sie haben ihre Funktionen und Aufgaben noch nicht erkannt. Sie sind nicht die, die automatisch nachfolgen, weil sie von Parteien oder Gruppen aufgebaut wurden, wie es gerade bei der Bundespräsidenten-Wahl in Deutschland der Fall ist. Sie sind nicht die Zünglein an der Waage, die man gezielt einsetzt, um die Waage in eine bestimmte Richtung zu manipulieren. Nein, denn sie sind frei. Sie haben vielleicht ein Parteibuch in der Hand, aber das ist nicht von Belang. Es sind die Frauen und Männer – viele Frauen werden aufstehen –, die einfach, als wäre es das Natürlichste von der Welt, in eine Position hineingehoben werden mithilfe der Göttlichen Kraft. Und sie werden wissen, was zu tun ist, ohne es sich vorher zurechtgelegt zu haben. Sie sind so eng mit dem göttlichen Geist verbunden, dass sie immer am richtigen Ort sind und das Richtige, Göttliche tun.

So wird es sich hier entwickeln. Und ich glaube, es wird noch circa fünf Jahre dauern, dann ist der Wandel, von dem so viele sprechen, auf eine andere Art leise in eine bestimmte Richtung gedriftet: in die Richtung, eine Stadt, ein Land, einen Kontinent so zu führen, dass das Göttliche in jedem in Balance ist und seinen Weg eigenverantwortlich und doch im Kollektiv leitet. Es sind die Lemurier, die jetzt gezielt noch mehr inkarnieren. Es sind die Venusier, die inkarniert sind oder demnächst einen menschlichen Körper übernehmen, indem die andere Seele geht, auch Walk-In genannt.

Ich möchte noch einmal betonen, dass es nicht um die Namen, die Titel der Personen geht, die jetzt noch regieren, und deren Nachfolge. Beides ist nicht wichtig, und der wahre Wechsel vollzieht sich nicht nach alten Regeln. Möglicherweise wird es jetzt bei einem Wechsel auch noch eine Interimslösung sein, die geschieht. Der nächste Regent ist dann der, der die wichtigen Ideen empfängt und umsetzt. Und es werden sich die innerhalb von Europa finden, die einen Regierungskreis bilden, der ganzheitlich denkt und voller Achtung und Liebe mit den Menschen umgeht. Ihr, die ihr schon in Lemurien lebtet, könnt das ganz intensiv fühlen. Aber alle Leser können das fühlen, denn sie waren auch zu Zeiten hier auf der Erde, als ein König oder ein Regent ein Eingeweihter war. Dieser König hatte all seine Initiationen durchlebt, er war sich seiner Göttlichkeit bewusst und war voller Liebe für seine Untertanen. Sie konnten sich auf ihn verlassen, er tat nichts, was ihnen schaden würde, wusste er doch, dass es auch ihn selbst betreffen würde. Er kannte die Kraft des großen Feldes. Er hatte auch die Gabe, in die Zukunft zu schauen, und wusste, was zu tun war, um die ihm anvertrauten Menschen recht zu führen.

Diese Qualitäten sind es, die sich jetzt bei den neuen Führenden durchsetzen werden. Sie gehen diesen Weg der langen Initiationen nicht. Sie kommen schon anders auf die Erde, sie erlangen hier in kurzer Zeit göttliche Weisheit. Sie werden sich ohne geschäftliche oder politische oder schlagende Verbindungen finden, denn das könnte eher behindernd sein. Sie werden göttlich zusammengeführt. Es ist sogar möglich, dass der Eine oder Andere der jetzigen alten Tragenden sich spontan öffnet und von Gott inspirieren lässt. Lassen wir uns überraschen! Bleibt mir nur noch zu sagen, dass der Aufbau von einem vereinten Europa natürlich nicht mit einem Königreich aus alten Zeiten vergleichbar ist. Ein jeder Mensch wird freiheitlich sein Leben kreieren, ohne ein irdisches Zepter über sich zu spüren, das sein Leben bestimmt. Aber es ist eine Selbstverständlichkeit, das eigene Leben so zu leben, dass es für den Nächsten gut ist, dass er keinen Schaden nimmt. Man ist voller Liebe und Verständnis für den Nächsten und auch für die Mutter Erde, die alle ihre Kinder liebevoll geleiten wird. Wollen wir also das Europa der Zukunft anvisieren, müssen wir viele alte Denkweisen und logische Folgerungen loslassen. Es wird eben ganz anders werden, das kann sich der Verstand nicht ausdenken. Der würde logisch folgern: „Aber wie soll das denn gehen? Da ist der an der Macht, ein anderer wird sich nicht verdrängen lassen, und der Königshof wird das endlich wiedererlangte Zepter nicht abgeben. Die Institution oder die Bank wird ihre Geschäftsbedingungen nicht ändern. Auch, weil so vieles zusammenhängt!" Ich weiß, was die Menschen denken. Aber gerade das ist es ja, was sich auflösen muss!

Lasst uns frohen Mutes offen sein für die wirklich neuen Wege, die alles Alte sprengen werden. Es ist wie eine Geburt. Niemand weiß, wie sie sein wird, sanft oder schwer. Niemand weiß, wie dieses Baby die ersten Stunden und Wochen die Welt verändern wird. Eines ist sicher: Nichts ist mehr so, wie es war. Lasst uns deshalb unsere kühnsten Wünsche von einem neuen Europa liebevoll im Geiste ausweiten. Was wünschst du dir, wie alle Menschen leben können im neuen Europa? Spiele deine kühnsten Visionen immer wieder durch. Aber gehe in keine Details, wie es entsteht, das wäre wieder wie in alte Schuhe schlüpfen. Damit gibst du erneut Wege vor, die wahrscheinlich alte sind. Denn du weißt es vom Verstand her nicht besser. Dein Herz aber weiß, wie es ist, ganz frei zu sein! Spiele mit den Endergebnissen, wie ein wunderbares Europa aussehen könnte, halte das Endbild. Erweitere es gern auf die ganze Erde. Wunderbar, und gehe öfter in diese Zukunft hinein. Das unterstützt die, die schon auf ihre Aufgabe warten, das ebnet die Felder, das ist der Leim für die unmöglich erscheinenden Zukunftspuzzles. Sei du mittendrin. Erlebe dich, wie du frisch und fröhlich dein Leben genießt. Du bist der Reformer von Europa, du selbst! Ist das nicht eine spannende Zeit?

Lass uns noch einen Blick in die geistige Welt werfen. Wie kommt es, dass Europa einen entscheidenden Einfluss auf den Rest der Welt haben wird? Darüber sprach ich schon oft. Europa, besonders die Mitte des Kontinents, wird einen großen Einfluss auf die Veränderungen der Welt ausüben. Über die energetische, frühere Komponente der Urvölker haben wir schon gesprochen. Aber es gibt noch eine weitere große Hilfe für diesen Teil der Erde. Es sind die Lichtstätten über Europa. Eine Lichtstadt ist oft beschrieben worden: es ist die über Berlin. Über Berlin wirkt der Elohim Arkturus, der auch mit mir eng verbunden ist. Ich bin sehr oft in diesen Bereichen, weil sich von hier aus viele Bänder in die weite Welt ausdehnen. Hier ist ein besonderer Knotenpunkt entstanden, wie ein neuer Meridianpunkt, der seine Kraft in viele Richtungen ausstrahlen lässt. Es ist wieder die Kraft, die durch stetiges Wirken den Stein, die Materie verändert. Lichtstätten haben in dieser heutigen Zeit die besondere Aufgabe, die Veränderungen zu unterstützen. Es gilt immer noch der freie Wille, aber die hohen Energien, die gezielt zur Verfügung gestellt werden, machen eben diese Veränderungen möglich. Ein jeder Mensch hat Zugriff darauf, wenn er es mag. Und auch indirekt wirken diese Energien, ohne zu manipulieren.

Alle Lichtstätten sind mit der Zentrale Shamballa über der Wüste Gobi und mit der kleinen Stadt Shamballa im Inneren der Erde verbunden. Weitere Lichtstätten in Europa sind: Budapest, Prag, Göteborg, Kopenhagen, Rotterdam, Bologna, Malaga, Tessaloniki, Kreta, Sarajewo, Lodz, Istanbul, St. Petersburg und Wien. Weitere kleinere Lichtstätten sind Miniknotenpunkte. Alle diese Stätten sind untereinander verbunden. Ein paar von ihnen wurden erst in den letzten hundertfünfzig Jahren aufgebaut. Einige dieser Stätten sind allerdings schon seit Äonen im Dienst. Des weiteren gibt es noch Lichtpunkte, so möchte ich sie nennen, wo Aufgestiegene Meister ihre Wohn- und Lehrstätten haben. Dass diese ebenso im Dienste des Lichtes wirken und miteinander vernetzt sind, brauche ich sicher nicht näher zu beschreiben. Alle Lichtstätten sind selbstverständlich auch mit dem Rest der Welt und deren Knotenpunkten vernetzt. Diese Informationen behalte ich mir jedoch für später vor.

Gibt es den Antichristen?

Wo wären wir, wenn es die Dualität nicht gäbe? Im Himmel, das wäre die logische Folgerung. Das Wort Himmel symbolisiert für viele Menschen etwas Wunderschönes, etwas, wo es alles gibt, was man sich wünscht. Zu allen Zeiten, in denen es Hungersnöte gab, in denen Grundbedürfnisse nicht befriedigt wurden, sehnte man sich nach dem Himmel, nach dem Garten Eden, danach, wo es vermeintlich alles gibt, was die Bedürfnisse befriedigt. Himmel ist gleichbedeutend mit Fülle, Liebe und Gesättigt-sein. Gesättigt von allem, was man sich wünscht. Glücklichsein wurde und wird oft damit verbunden, sich im Schoße des Einen zu wiegen und wohl behütet zu sein. Auch das symbolisiert den Himmel. Oft ist dies natürlich auch von den Religionen abhängig, was sie über diesen seligkeitsspendenden Ort vermitteln. Aber wir sagten ja schon, dass alle Religionen heute nicht mehr in reiner Form präsentiert werden. Sie sind von den Herrschenden zum eigenen Wohle so geformt worden, dass es für sie passend war und das Volk abhängig machte.

Aber fragen wir uns heute: Warum sollte der Mensch in eine Kirche gehen, um dem Himmel nahe zu sein? Eigentlich ist jeder Körper der eigene Tempel, in dem Gott wohnt. Der Mensch hat den freien Willen, er selbst entscheidet, was für ihn gut ist. Niemand anderes tut dies. Es gibt die, die anderen sagen wollen, was gut sei. Aber das ist oft eine Täuschung und lenkt vom eigentlichen Weg, dem Ziel des Lebens hier auf Erden, ab: den Gott in sich selbst zu finden.

Es gab zu allen Zeiten Menschen, die Gott ein Stückchen näher waren. In ganz fernen Zeiten waren sich alle Wesen, die die Erde besuchten, des Gottes in sich selbst wohl bewusst. Dann veränderte sich die Welt der Menschen. Immer wieder wurden Zivilisationen ausgelöscht, weil sie sich ihren Führern zufolge nicht auf dem rechten Weg befanden oder weil kriegerische Unterfangen sie dezimierten. Die Instanz, die diesen Planeten regiert, löste viele Dinge aus, um sich den Menschen untertan zu machen. Über die Geschichte der Erde gab ich im letzten Buch (*Saint Germain spricht* – ISBN 978-3-89568-207-0 – ch.falk-verlag 2009) einige wichtige Grundinformationen zu diesem Thema. Darüber gibt es zudem umfassende Bücher in der heutigen Zeit, die beschreiben, wer die Götter der alten Zeit wirklich waren. Es waren menschenähnliche Wesen, die man Götter nannte, weil ihre Art zu erschaffen die unwissenden Menschen so sehr beeindruckte, dass sie davon ausgingen, das müssten Götter sein. Wer sonst konnte die göttliche Schaffensweise so fest in der Hand haben als Götter? Ich beschreibe dies noch einmal, um dir bewusst zu machen, um dir ein Gefühl dafür zu geben, wie dieses Spielfeld Erde immer wieder und wieder neu erschaffen wird. Nichts ist fest, alles ist im Fluss. Und ob gut oder böse, es fließt. Zu vielen Zeiten gab es ein friedliches Leben auf der Erde, wo alle Wesen, die hier lebten, sich ihres Gottes in sich bewusst waren und ihn lebten und liebten. Er zeigte ihnen, wie es am schönsten sei, hier zu sein. Er erfuhr durch sie, was es heißt, in der Materie zu leben. Er genoss es, ihre Erfahrung mitzuerleben. Dann gab es andere Zeiten, in denen wenigen Menschen bewusst war, wer sie sind. Das war ein Wechsel, der öfter geschah, entsprechend den Zyklen der Erde. Wenige Zivilisationen sind überliefert, weil die meisten sich keiner Sprache bedienten. Das war nicht notwendig. Sie kommunizierten telepathisch, sie hatten Zugriff auf die Akasha-Chronik der Erde und auf ihre eigene und die der anderen. Man benötigte nichts, was irgendetwas festhalten musste. Man wusste vielfach auch nicht, dass es vielleicht sinnvoll wäre, etwas für die Nachwelt zu hinterlassen. Das war für sie nicht relevant und vorstellbar. Sie sahen diesen schönen Planeten am Rande dieses Sonnensystems als eine besondere Schöpfung, die viele Geschehnisse ermöglichte, die anderswo in der Form nicht realisierbar waren.

Es ist immer wieder sehr ratsam, alles das, was hier auf der Erde geschieht, durch die Brille der Güte, der Liebe und der Weisheit zu sehen. Eigentlich, und das kann man nicht oft genug sagen, ist es eine Ehre, hier zu sein. Die Auserwählten, die Göttlichen sind hier auf diesem Planeten.

Nicht alle Wesen wollen hier inkarnieren. Es gehört eine starke Portion Mut dazu, es zu tun. Wer legt schon freiwillig seinen Göttlichen Kern in den Bereich der Unbewusstheit und des Getrenntseins? Wer gibt schon freiwillig das Seinsgefühl ab, um völlig andere Erfahrungen zu machen? Viele würden sich dazu nicht bereiterklären. Sieh deshalb alles mit dem Blick der Liebe und der Geduld. Dieses Experiment hat bald ein Ende, weil sich die Voraussetzungen ändern. Nichts bleibt mehr so, wie es war.

Lass uns nun einen Blick auf die Menschen werfen, die etwas Besonderes leisten, die außergewöhnlich sind, die es schaffen, sich ins Rampenlicht zu stellen, die von den anderen als meinungsbildend gesehen zu werden. Blicken wir weit zurück, fallen uns sicher Buddha, Zaratustra, Jesus und Mohammed ein. Sie alle waren im Auftrag des großen, allumfassenden Schöpfers gesandt, um den Menschen tiefe Erkenntnisse zu vermitteln und ihnen zu helfen, sich wieder zu erinnern. Und vieles von dem, was sie sagten, ist nicht mehr authentisch überliefert. Ansatzweise sind die Schriften natürlich gültig, aber das Wahre, das sie vermittelt haben, bedarf eines tiefen Schürfens, um es zu erkennen. Das ist, wie schon erwähnt, von den Herrschenden der damaligen Zeiten so eingeleitet worden, und den heutigen ist es nicht unangenehm. Es ist leichter, die Menschen zu lenken, wenn sie damit beschäftigt sind, sich so zu verhalten, wie der jeweilige Glaubenspatron es verlangt. Wir wollen darüber nicht weiter sinnieren, das weiß jeder, der tiefer schaut. Was die weisen Menschen wie Jesus wirklich taten, war, etwas hier zu verändern, so wie du gerade dabei bist, bei dir etwas zu verändern, dein Licht mehr scheinen zu lassen. Denn das ist euer Auftrag, deshalb seid ihr hier. Das Leben an sich dient dazu, sich weiterzuentwickeln, das Bewusstsein zu schärfen. Dadurch werden die Aufgaben noch intensiver und interessanterweise auch irgendwann viel leichter. Jesus und die anderen Weisen waren hier, um ebenfalls Lichtlinien durch die eigene Dunkelheit zu legen. Das ist der Weg in die vierte Dimension, in die astrale Ebene, die Psyche des Menschen. In dieser Ebene ist deine Psyche vorzufinden und die aller anderen. Die Lichtlinien durch die eigene Dunkelheit haben diese Weisen gelegt, um uns dabei zu helfen, uns leichter in unseren eigenen Schattenbereichen zurechtzufinden. In dieser Ebene ist übrigens jeder Gedanke sofort manifestiert.

In der Pyramide von Gizeh kann man die Ebene der vierten Dimension erleben. Es gibt einen Tunnel, der mit der vierten Dimension verbunden ist. Hier wurden früher Initiationen vorgenommen. Die Schüler mussten sich von ihren Angstgedanken befreien, das war die Aufgabe. Sie mussten bei sich bleiben. Schafften sie das, waren sie einen Schritt weitergekommen. Ließen sie sich von ihren Ängsten gefangennehmen, konnte dieser Besuch dort sogar zum Tode führen. Die wilden Tiere, die sie vielleicht in ihren Ängsten sahen, haben sich manifestiert.

Alle großen Eingeweihten wussten, wie man in der astralen Ebene operiert. Sie haben für die Menschen mit ihrem eigenen Weg durch die Dunkelheit Pfade gelegt, damit sie nicht in die Irre geführt werden.

Der Weg des Menschen ist ja generell, hinab zu steigen aus der höheren Ebene, die Welt der Dualität zu erfahren, teilweise wirklich über viele tausend Inkarnationen, um dann wieder durch die eigene Unterwelt zurück ins Licht zu finden. Durch die vielen Inkarnationen sind die astralen Ebenen voll von Erdachtem und Gelebtem. Kannst du das nachvollziehen? Ich bin sicher, denn ich sehe, du hast schon so manche Stunde in deiner eigenen Dunkelheit verbracht. Deshalb haben die weisen Eingeweihten diese Wege erlichtet, damit das Licht als Ziel zu erkennen ist.

Einige Menschen arbeiten heute gezielt mit diesen Gebieten. Sie verlassen ihren Körper und besuchen die verschiedenen Ebenen, um Menschen, die dort irregeleitet sind, ins Licht zu bringen. Es geht sogar soweit, dass sie die Glaubensebenen der astralen Ebene durchforsten und den Menschen anbieten, sie ein Stück weiter ins eigene Licht zu führen. Alles, was dort existiert, ist von Menschen gemacht. Und alles ist in der eigenen Psyche zu finden. Es ist das gesamte Feld, in das der Mensch eingebunden ist. Wer astral reist, weiß, dass man alles Mögliche, alles, was es je gegeben hat, erleben kann. Der Baum des Lebens, die mystische Kabbala, beschäftigt sich unter anderem auch mit den verschiedenen Ebenen der astralen Bereiche. Der Mensch kann damit erlernen, diese Bereiche durch Verlassen des Körpers bewusst zu erforschen. Heute ist es vielen Menschen möglich, diese Forschungen auch durch die Erweiterung des Bewusstseins zu erreichen, ohne den Körper zu verlassen.

Ich erzähle dies alles, um dir bewusst zu machen, wie die Ebenen funktionieren und was diese hohen Eingeweihten gelernt hatten und umsetzten. Denn viele ihrer Zeitgenossen wussten nicht, dass es die astrale Ebene gibt. Es war eine Zeit des Unbewussten. Die meisten Menschen konnten nicht lesen und schreiben, das war den Priestern vorbehalten.

Diese von dem höchsten Gott Gesandten waren in ihrer Mission zu ihren Lebzeiten oft gar nicht so bekannt. Nur wenige haben ihre Schritte verfolgt und sind mit ihnen gezogen. Ihre Schriften wurden, auch durch diese geistigen Bahnen, die sie gezogen haben, geistig an die Menschen gereicht. Sie fanden ihren Weg, weil sie göttlich geebnet waren, durch astrale Wege. Beschäftige dich gern einmal länger mit diesen Vorstellungen. Viele von euch wissen das, aber haben sich noch nicht näher damit befasst. Wenn du geistig in die Meditation gehst oder geistig reist, bist du oft in der astralen Ebene, manchmal auch in Lichtstätten der fünften Dimension. Aber deine Psyche befindet sich in diesen Bereichen. Wenn du nachts träumst, agierst du hier und bearbeitest deine Muster, deine Sorgen, deine Ängste. Alles, was mit der Erde zu tun hat und im Unbewussten liegt, hat mit der astralen Ebene zu tun. Damit haben viele Wissende, Logenmitglieder und Magier aller Zeiten gearbeitet.

Der Mensch in der heutigen Zeit hat es einfacher, diese Welten zu erkunden. Früher waren diese Ebenen nicht so leicht zu erreichen. Auch durch die Arbeit der alten Weisen wie Jesus haben es die Menschen heute leichter, diesen Weg zu gehen. Die initiierten geistigen Bahnen wirken immer noch. Sie haben sich dort manifestiert und sind begehbar, auch durch die vielen Menschen, die in den letzten Jahrhunderten und Jahrtausenden durch ihren eigenen Lichtweg diese Bahnen stabilisiert haben. Wenn im astralen Bereich etwas immer wieder begangen oder gelebt wird, manifestiert es sich dort. Sei sicher, Jesus leuchtet immer noch!

Wenn man von Jesus, dem Christus, spricht, bedeutet das, dass er der Herr, der Sohn der Liebe, ist. Viele Menschen sehen ihn so, sie wissen, er praktiziert die allumfassende Liebe. Nichtsdestotrotz hat er zu Erdenzeiten mit seinen Jüngern und Maria Magdalena ein durchaus dualistisches Leben geführt. Er war sich seiner selbst auch nicht immer bewusst und hat einige ihm wohlbekannte Rituale benutzt und andere energetische Praktiken, um tiefer mit dem Gott in sich verbunden zu sein, um nicht zu sehr von der Dualität eingenommen zu werden. Er hatte auch seine Kämpfe mit den Schattenseiten in sich selbst. Der Weg des wahren Suchenden ist mit Stolpersteinen gepflastert. Das war zu allen Zeiten so, auch in der seinen.

Das, was du als das Dunkle siehst, ist ein Teil der Dualität und eigentlich nichts Übles. Es wird hier nur so empfunden. Es ist die andere Seite der Medaille. Ein Geldstück hat immer zwei Seiten und keine ist schlechter als die andere. Sie ist eben nur anders.

Du hast sicher in den Prophezeiungen aller Alten gelesen oder davon gehört, dass zu einer bestimmten Zeit der Antichrist erscheinen wird. Diese Zeit, so sagt man, sei nun gekommen. Viele gehen davon aus, dass dies eine menschliche Gestalt sein müsse. Viele glauben, es wäre irgendein Machthaber, der sich den äußeren Anschein der Menschenfreundlichkeit gäbe und die Menschen auf den rechten Weg führe, aber in Wahrheit in ganz anderen Themen unterwegs sei.

Ich darf euch versichern, dass es diese Figur als einzelnen Antichristen nicht gibt. Auch nicht in der Form eines großen westlichen Politikers, der durch seine offene Art viele Menschen begeistert. Manche Menschen, die in Führungspositionen sind, haben es stark mit der dunklen Seite der Macht zu tun. Sie werden immer wieder versucht, durch äußere Angebote und Machenschaften. Einige lassen sich davon beeindrucken, andere bleiben immer mehr standhaft. Das ist das Spiel, wie es hier noch gespielt wird. Ein jeder, der machtvoll in dem Menschengros zu tun hat oder auch leise als graue Eminenz im Hintergrund arbeitet, hat damit zu tun. Eben einige mehr, andere weniger. Und dann gibt es die, die wichtige Fäden in der Hand halten und die wahre Macht im Moment repräsentieren. Das verändert sich ja auch immer wieder. Aber auch sie haben in sich liebevolle Seiten. Keiner ist nur schlecht oder böse. Es ist alles in jedem, nur die Anteile werden immer wieder neu justiert. Das kannst du bei dir selbst auch gut beobachten.

Der Antichrist ist kollektiv und nicht in einem Einzelnen manifestiert zu sehen. Das, was jetzt passiert, sind die vielen Zünglein an der Waage, die mitspielen. Schaut in den Osten. Was geschieht mit China und anderen, kleineren Staaten? Wohin hängen sie ihre Fahne? In den Fortschritt, davon erhoffen sich viele Menschen mehr Arbeit. Den großen Machthabern geht es um Ansehen und viele äußerliche Dinge. Den einfachen Menschen geht es um Grundbedürfnisse, entstanden durch lange Hungerszeiten, und auch um Neugierde, mehr vom dualistischen Leben zu erfahren. Sie wollen alles genießen und erreichen, was andere Menschen in anderen, meist westlichen Ländern auch haben. Dies geht über die elementaren Grundbedürfnisse hinaus. Eine große Sehnsucht nach Luxus und flimmernden Gütern ist dort zu spüren. Es wird noch einen Moment mehr brauchen, dies sanft in klarere Bahnen zu lenken. Auch da spielt die astrale Ebene eine große Rolle. Aber hier hat sich nun etwas verändert. Der Einfluss der Vielen, die mit der fünften Dimension, ihrem Höheren Selbst und noch weiteren Ebenen verbunden sind, steigt. Der Einfluss der lichten, höheren Welten nimmt zu, und so kann es sein, und ich bin sicher, es wird so sein, dass große Veränderungen schnell geschehen, die von Weitblick und allumfassender Liebe geprägt sind. Es ist nicht sinnvoll, voller Sorgen auf diese östliche Welt zu schauen. Das geschieht nämlich gerade. Es ist wie eine kleine Panik, die viele Europäer erfasst, wenn sie in diese Richtung blicken. Die Amerikaner empfinden es, auch auf der höheren Standesebene, ebenso als Bedrohung. Viele europäische Machthaber meinen, sie hätten wirtschaftlich etwas verpasst und man hätte schon eher mit den östlichen Freunden taktieren sollen. Ihr werdet erkennen, dass viele Entscheidungen gut waren, einige waren nicht so gut, aber es ist wie bei der Waage, alles findet zum Gleichgewicht, denn letztlich zählt das Ziel. Manchmal bedarf es Umwege, um ans Ziel zu kommen. Manchmal ist der direkte Weg gut. Damit will ich sagen, dass es wichtig ist, dass viele junge Seelen, viele Menschen die Dualität als etwas Wichtiges erfahren können. Im Moment ist es die Sehnsucht, das Materielle zu genießen, vom Fernseher über das Internet, vom Haus bis zum schicken Auto. Wer das noch nicht erfahren hat, in dem ist etwas unerfüllt. Zumindest bei denen, die von dem westlichen Sog infiziert sind. Natürlich gibt es Völker, die weiterhin fest in ihrem unerschütterlichen Glauben verwurzelt sind, die das Licht in sich immer gelebt haben und sich dessen bewusst sind.

Der Antichrist ist überall. Er ist in jedem und allem enthalten, was gelebt wird. ER ist nicht eine separate Gestalt. Lasst euch nicht täuschen und gebt der Dualität die Krone, indem ihr eine Wertung über eine Person formuliert und spekuliert. Das wäre wirklich sehr menschliches Denken. Nehmt diese antichristliche Energie wahr und überdeckt sie mit Licht, mit eurem Göttlichen Licht. Dann wird sie sich immer mehr auflösen. Das ist das Ziel. Die antichristliche Energie hat im Moment viele Zünglein, die die Waage beeinflussen wollen. Sie stecken in der Cola, die du trinkst, den genmanipulierten Lebensmitteln und in dem Sog des Internets, in der Tageszeitung, die (un)wissentlich von den Redakteuren genährt wird und hauptsächlich von den Gedanken eines jeden Einzelnen. Es gibt also viel zu tun, um den eigenen Antichristen in sich ins Gleichgewicht zu bringen. Ich helfe dir gern dabei!

Der so wichtige Mut und das Selbstvertrauen, als verlängerter Arm Gottes zu dienen

Wer sich eng mit Gott verbinden will, um vielleicht auch in seinem Dienste unterwegs zu sein, der braucht viel Mut, Geduld und Vertrauen. Wer sich auf den Weg macht, eng mit dem Höheren Selbst zu verschmelzen, der hat sich ein hohes Ziel gesetzt. Denn mit dem Gott in sich selbst zu verschmelzen, bedeutet, den freien Willen aufzugeben, und das ist ein intensiver Prozess. Wer dies tut, der lehnt sich entspannt zurück und vertraut, dass das Passende zum rechten Zeitpunkt kommt und dass er immer am richtigen Ort ist. Wer sich ganz in den Dienst Gottes stellt, ist sich nicht nur seines Höheren Selbsts bewusst, sondern er erkennt den Gott in sich als den kleinen Teil, als den Mikrokosmos, im Großen, im Makrokosmos an: Er weiß, dass dies bedeutet, dass man nicht als einzelner Mensch zu sehen ist, sondern als ein Teil des ganzen Gottes in Funktion. Gott hat sich ausgedehnt, und alles, was ist, ist Gott. Dies kannst du hier oder in anderen Schriften als Worte lesen, aber wichtig ist es, es aufzunehmen, es quasi aufzusaugen und davon wirklich überzeugt zu sein. Was ist denn, wenn man „Gott auf Mission" ist? Was hat das zu bedeuten? Gott wirkt immer, die Taten Gottes sind ständig, immerdar. Sie hören nie auf. Und sie sind gut, egal, wie man diese Taten beleuchtet. Alles, was als schlecht angesehen wird, ist auch ein Teil Gottes. Der Mensch, der das erkennt und der ebenso versteht, dass es einen hohen Schöpfergott gibt, der alles erschuf, auch das Böse, der hat verstanden. Der weiß, dass Gott alles ist. Derjenige, der Schlechtes verwirft, verwirft auch sich selbst. Denn der Teil, der jemandem übel mitspielt, ist auch ein Teil von ihm selbst. Deshalb ist es so wichtig, zu erkennen, dass alles Übel in einem selbst verankert ist, denn niemand ist allein, alles ist miteinander verwoben. Die kleinen Partikel, die als Letztes die Individuen sind, sind durch das große Feld der Einheit auch mit allen Menschen verbunden. Das ist nicht auf der körperlichen Ebene zu sehen, aber zu fühlen.

Wir hatten in den anderen Kapiteln viele kleine Möglichkeiten des Fühlens geschaffen. Da ging es letztlich darum, dass alles gefühlsmäßig in einem selbst in Liebe verankert ist. Wir sind nicht allein, und ich bin nicht irgendwo da oben oder hinter dir, ich bin mitten in dem Feld, das Gott ausmacht. In diesem Feld bist du auch. Raum und Zeit sind eine Illusion. Du stellst dir vor, dass etwas oben oder unten oder heute, gestern oder morgen ist. Aber Gott hat alles in *einem* Feld geschaffen, alles ist jetzt. Es gibt keine Vergangenheit. Die gibt es lediglich in deinem menschlichen Verstand. So bist du hier konditioniert. Deshalb ist es so einfach, etwas von den alten Mustern aufzulösen, wenn man ihre Entstehung und die Verhaftung daran verstanden hat. Man muss sich dessen nur bewusst sein. Du magst an dir eine bestimmte Art und Weise zu denken nicht, du möchtest dies gerne verändern? Dann werde dir dessen ganz bewusst. Beobachte dich daraufhin, wie du in diesen Mustern immer wieder festhängst. Und während du dies feststellst und bewusst anders reagierst, veränderst du das Feld, du löst die Speicherungen auf. Beim nächsten Mal wirst du vielleicht kurz vor dem Mustereinfall bemerken, dass du wieder hineintappen wolltest. Du wirst es erkennen und anders reagieren. Du brauchst nur Mut für den Schritt der Auflösung und deine Aufmerksamkeit, dies zu beobachten. Du kannst dich ständig verändern, das ist überhaupt kein Problem. Deine Zellen sterben am laufenden Band, du bist demnach ständig im Wandel. Wieso solltest du dich nicht körperlich und mental selbst verändern können, indem du dich selbst neu programmierst? Das Potenzial dafür ist jetzt da. Jetzt beginnen die großen Veränderungen. Wie schon erwähnt, ist jede kleinste Veränderung voller Wirkung für das große Ganze – wie der Flügelschlag eines Schmetterlings in Yokohama, der damit auch das Leben in Europa verändert. Das mag jetzt im Moment beim Lesen für dich verrückt erscheinen. Näher durchdacht, wirst du aber erkennen, dass es sogar logisch zu erfassen ist. Das göttliche Feld ist immer eins.

Gott direkt und bewusst zu dienen, das ist einer näheren Betrachtung wert. Eigentlich dienst du Gott den ganzen

Tag. Egal, ob du nett oder grantig bist, ob du fleißig oder faul bist, ob du betest oder Gott mit Verachtung strafst, ob du Alkoholiker bist oder streng auf deine Ernährung achtest. Alles ist sein, arbeiten und leben mit Gott. Gott erfährt sich doch gerade mit diesem Leben, das du führst. Er wertet nicht. Er nimmt es so, wie es kommt, und erkennt. Er freut sich, dass es all diese Möglichkeiten gibt. Und selbst der Mord an einem Menschen ist etwas, das er nicht mit Bewertung straft. Er lebt mit allen deinen Agitationen und erkennt. Das ist alles. Er weiß, wenn ein Mensch stirbt, dass es lediglich das Wechseln eines Kleides ist. Damit möchte ich das Leben auf der Erde nicht abwerten. Aber aus höherer Sicht ist es nur ein Bruchteil der großen, ganzen Erfahrung, die unermesslich ist, und das hier ist lediglich *eine* Erfahrung. Nichts ist wirklich böse oder gut. Es ist wie die schon bekannte Medaille mit den zwei Seiten.

Diese Erkenntnis musst du fest verinnerlichen. Dabei ist es natürlich auch erforderlich, alles zu achten und zu ehren, was Gott ist. Das, was Gott erschuf, ist göttlich, alles. So erübrigt es sich fast, dir zu sagen, dass du im Laufe dieses Erkenntnisweges alles um dich herum mit liebendem Auge beachtest und ehrst, jede Pflanze, jedes Tier, jeden anderen Menschen. Das beinhaltet auch, dass du nicht mehr anderen(m) nach dem Leben trachten wirst. Sich mit Gott wieder inniger zu vereinigen, bedeutet, sich dieses Lebens hier bewusst zu sein und die Liebe für alles zu entwickeln. Es wird immer mehr ein einheitliches Gefühl für dich, weil du alles bewusst in dich integrierst. Du bist dir bewusst, dass du alles bist. Das ist auch besser mit dem Gefühl zu erfassen. Wenn Menschen Erleuchtungserfahrungen haben, beschreiben sie dies mit einem Gefühl, dass sie mit allem eins sind. Ich möchte dir kurz ein Gefühl dafür vermitteln.

Gehe bitte mit dem Gefühl in dein Herz hinein. Unterstütze dies äußerlich, indem du deine Hand auf dein Herz legst. Nimm Kontakt mit deinem Herzen auf und bleibe ein bisschen in dieser Verbindung. Fühle dein Herz, und du wirst ein schönes, warmes, angenehmes Gefühl der Zärtlichkeit langsam in dir aufsteigen spüren. Versuche dann, dieses Gefühl auf deinen ganzen Körper auszuweiten. Wenn du dieses Gefühl hast und halten kannst, erweitere es noch weiter auf dein Haus, auf die Nachbarn und deine ganze Umgebung. Diese kleine Übung ist nicht einfach. Es ist durchaus möglich, dass du wieder und wieder in Bewertungsgefühle hineinkommst, weil dein Verstand sich einmischt. Aber je mehr du damit übst, desto intensiver wird diese Liebeserfahrung, dieses tiefe Gefühl der Verbundenheit mit allem, was ist. Später kannst du dieses Gefühl schnell und überall erwecken. Das ist wie eine große Umarmung. Noch intensiver kann dies sein, wenn du diese Übung in der Natur machst. Sie wird zudem nicht unbemerkt von anderen um dich herum bleiben. Du könntest sogar beim Üben draußen in der Natur erleben, dass Tiere auf dich aufmerksam werden und sich dir nähern. Vielleicht sind Schmetterlinge nah und umkreisen dich oder lassen sich sogar auf dir nieder. Sie gehen in Resonanz zu deiner Herzensenergie. Vielleicht sind es auch andere, krabbelnde Insekten. Oder ein Vogel hüpft auf einen nahen Ast oder lässt sich sogar auf der Lehne deiner Bank, auf der du sitzt, nieder. Sie spüren deine Liebe und genießen es, bei dir zu sein.

Auch die Menschen in deiner Umgebung werden diese intensive Übung bemerken. Wer sich immer mehr mit dieser Verbindung beschäftigt, speist die Meridiane dieses Netzes, mit dem alle verbunden sind. Hohe Frequenzen der Göttlichen Verbundenheit sind aktiviert und bewirken unendlich viele kleine Dinge des Lebens. Ich brauche kaum zu erwähnen, dass sich, wenn viele Menschen dies tun, denn das ist eine logische Folgerung, die Erde viel schneller verändert! Sie wird von der Göttlichen Liebe förmlich angehoben und kann ihren Weg leichter gehen. So einfach ist es, sich Gott in Aktion zu nähern und es damit vielleicht auch anderen leichter bewusst zu machen.

Du dienst Gott sozusagen den ganzen Tag durch dein tägliches Leben. Ist das nicht ein wunderbares Gefühl? Du bist geliebt und geachtet, weil du hier lebst als Mensch. Das ist schon ausreichend, um wahrlich geliebt zu sein. Nährt das deinen Lebenswillen? Stärkt es dein Selbstbewusstsein, das zu wissen? Du kannst dir der Liebe Gottes immer sicher sein. Da brauchst du nicht zu handeln oder dich zu verbiegen. Du bist unendlich geliebt dafür, hier zu sein.

Der weitere Weg des Erwachens bringt zunehmend Klarheit mit sich. Du weißt und erkennst, wer du bist. Du bist dir deiner Göttlichkeit mehr und mehr bewusst. Dann beginnt sich der Gott in dir mehr zu nähern und nimmt Einfluss auf dein Leben. Es ist für Gott das Signal, dass du den Rückweg nach Hause antreten möchtest. Das geschieht immer, unabhängig von der jetzigen Entwicklung der Erde. Wer sich als Erwachter und Wissender zu erkennen gibt, hat den Kanal zum Gott in sich freigelegt und kann direkt göttliche Weisungen empfangen. Es kann dann durchaus sein, dass Gott durch dich gezielt arbeiten möchte. Die hohe Göttliche Instanz möchte mit dir und für andere arbeiten. Diese Arbeiten können vielfältig sein. Vielleicht bist du jetzt soweit, einen neuen Beruf anzustreben, der ursächlich nichts mit dem zu tun hat, was du hier erlerntest. Aber da du immer mehr deine Interdimensionalität leben kannst, das heißt, durch deine DNS-Aktivierung, die automatisch dann einsetzt, wenn du erwachst, kannst du an alle Fähigkeiten anknüpfen, die du jemals gelebt hast. Du bist alles, wenn es sein muss. Und die Göttlichkeit in dir wird dir vermittelt, wann was zu tun ist. Es kann geschehen, dass du an einen dir unbekannten Ort geschickt wirst, um dort Lichtlinien zu legen, die unbedingt dort gebraucht werden. Du vernetzt wieder einmal Energien. Es ist durchaus möglich, dass man dich mit einem leichten Berufsweg segnet, damit du viel Zeit für diese anderen Dienste hast. Vielleicht wirst du Medium, in welcher Form das sei – auch mit Musik, Malerei und anderen Künsten – oder als ein anderer Lehrer für Menschen, die erwachen und eine Orientierung brauchen.

Wer sich darauf einlässt, der wird bemerken, dass man sich keine Sorgen mehr über das Leben zu machen braucht. Wer mit dem Gott in sich arbeitet, in welcher Form auch immer, für den ist gesorgt. Der wird aus der göttlichen Ebene gespeist. Das darfst du gern wörtlich nehmen. Wenn keine Nahrung da wäre, kann auch das aus den göttlichen Ebenen gefüllt werden, indem du wahrhaft göttlich genährt wirst. Alles ist möglich. Begrenze dich nicht. Verstehe, wenn du den Mut hast, dich ganz dem Gott in dir hinzugeben, ist für dich gesorgt, du brauchst dich lediglich ganz auf deinen Kern zu konzentrieren. Und das ergibt manchmal einen besonderen Auftrag, irgendwohin zu reisen, eine ganz andere Arbeit anzunehmen, eine Zeitlang loszulassen, um sich vielleicht wirklich ganz neu zu orientieren. Das Schwierige dabei ist, dass der Verstand kritisch dazwischenfunken kann, um dir zu vermitteln, dass es so nicht funktioniert. Die Logik des Verstandes wird zu überzeugen versuchen, dass du Wege planen musst, dass du eine Ausbildung für einen neuen Beruf brauchst. Der Verstand kann nicht verstehen, dass du beispielsweise einen Beruf auch ausüben kannst, „nur" mit der Kraft Gottes. Wenn Barbara Einzelsitzungen für Menschen gibt, weiß sie nie, was derjenige, der kommt, wirklich möchte, von der höheren Ebene aus gesehen. Meist kommt er mit irdischen

Sorgen, aber die sind nicht so wichtig. Sie weiß in dem Moment durch die Verbindung mit dem Gott in ihr, was sie für diesen Menschen tun kann. Ohne Vorbereitung, ohne Lehrbuch, sie weiß es einfach. Sie lauscht der inneren Führung. Die sagt ihr, wo was zu tun ist.

Deshalb ist es wirklich mutig, wenn du ganz loslässt und dich auf den Gott in dir einlässt. Und es kann auch passieren, dass es Ärger oder Zwistigkeiten in der Familie gibt, weil du nicht mehr so funktionierst, wie man es von dir gewohnt ist. Du machst den anderen vielleicht Angst, denn sie können dich nicht mehr einordnen. Immer wenn etwas anders als gewohnt ist, neigt der Mensch dazu, in alte, gespeicherte Ängste zu gehen, die meistens mit Verlust zu tun haben, etwa nicht geliebt zu sein oder die Grundbedürfnisse nicht befriedigen zu können, zum Beispiel kein Dach über dem Kopf oder nichts zu essen zu haben. Da zurzeit in Europa das Kriegsgeschehen des Zweiten Weltkriegs energetisch gelöst wird, geraten viele Menschen in die Angst, dass eben die Grundbedürfnisse nicht mehr befriedigt werden können. Das ist kollektiv im Massenbewusstsein gespeichert. Und wenn ein Mensch sich dem Gott in sich öffnet, loslässt und Vertrauen entwickelt, dass für ihn gesorgt ist, egal, wie die äußeren Verhältnisse auch aussehen mögen, kann das zu Konfrontationen mit der Umwelt führen. Du brauchst also wahrlich wirklich viel Mut, dich aufzurichten, weil du wahrscheinlich nicht allein lebst. Habe den Mut, den Gott in dir durchkommen zu lassen. Horche auf dein Gefühl. Das ist der Grund, warum ich dich viel mit dem Gefühl habe üben lassen. Gehe tief in dein Gefühl, tue das, was du tief empfindest. Handle ruhig, entspannt und gelassen. Und sei tief und fest mit dir verbunden. Wir wollen später den Kontakt mit dem Höheren Selbst erfühlen.

Früher waren die Menschen abgeschlossen von der Außenwelt, weil es sicherer war, sich dort zu bewegen, wenn man erwachte. Heute ist eben diese Chance sehr gering. Der Weg des großen Erwachens ist bewusst so gewählt, dass es im täglichen Leben stattfindet. Es bewirkt so viel. Wenn deine Mitmenschen mitbekommen, wie du dich veränderst, dich vielleicht oft zurückziehst, dann sind sie möglicherweise irritiert, aber sie spüren auch das Licht in dir. Sie spüren, dass du nichts Schlechtes, wertend gesehen, tust, sondern dass du etwas tust, was nicht unangenehm ist, höchstens fremd. Sie bekommen auf tieferer Ebene dein Erwachen mit und partizipieren von deinem stärker werdenden Licht, der Flamme Gottes in dir. Das bewirkt ihr Erwachen, irgendwann, nicht gleich morgen früh, aber es wird geschehen. Hab deshalb Geduld, dass sich alles so fügen wird, wie es für dich und die anderen gut ist. Der Gott in dir ist in Liebe und wird liebevoll dein Umfeld beleuchten. Dennoch hat jeder selbst zu entscheiden, wie es mit ihm selbst weitergeht. Missionieren macht keinen Sinn. Ein jeder sollte wissen, dass der Gott in jedem Menschen weiß, was zu tun ist. Du brauchst dir also wirklich keine

Sorgen um die anderen zu machen. Sei gewiss, dass die Erde ihren Weg geht und dass die Menschen ihre Möglichkeiten des Erwachens bekommen. Wie und wann, ist nicht deine Entscheidung. Wenn du dich auf dich und dein Erwachen und dein Wohlgefühl konzentrierst, arbeitest du automatisch an dem Erwachen der Welt.

Sei selbstbewusst und voller Tatendrang für neue Schritte. Genieße die Zeit, in der du nur müde und erschöpft bist, das ist so und wird weiterhin so sein hier auf der Erde, es gehört zum Wandel dazu. Sei frohen Mutes und voller Lebensfreude und lausche immer wieder in dich selbst hinein, was der Gott in dir dir sagen möchte; welche neuen Optionen er für dich bereithält, um dein Leben auf einen neuen Weg zu lenken – wie immer der auch aussehen mag. Hab Vertrauen und erhebe dich. Ich bin gern dein Antriebshelfer.

Schicksal als Chance

Ein jedes von euch lieben Menschenkindern ist mit einem Plan hierher gekommen. Die, die jetzt neu geboren werden, und die, die bereits vor circa fünfunddreißig Jahren geboren wurden, sind wirklich in ihrer Struktur schon anders hier angekommen. Ihre DNS ist verändert, sie sind nicht mehr mit so vielen alten Mustern hierher gereist. Sie sind nicht in diesen ständigen alten Erlebnissen involviert und immer wieder verstrickt im Ringen um die Ruhe und Gelassenheit und die Weisheit des Lebens. Sie haben nicht so viel aufzulösen, weil sie es nicht in sich gespeichert haben. Es ist oft sehr wenig, manchmal ist nichts da, was aufzulösen wäre. Sie haben deshalb oft Schwierigkeiten, sich anzupassen, weil sie ihr Leben nicht nach alten Mustern gestalten wollen. Sie wissen es meist nicht auszudrücken, weil ihnen die Worte, die Erklärungsfähigkeit und das bewusste Wissen dafür fehlen. Sie suchen nach neuen Möglichkeiten, diese Welt zu leben. Das, was ihnen angeboten wird, scheint ihnen nicht praktikabel, nicht lebenswert, beschränkt es doch ihre so geliebte Freiheit. Sie kommen oft noch sehr klar aus den anderen Ebenen, und ihnen ist ihre eigene Freiheit sehr bewusst. Das, was die meisten Menschen jetzt anstreben, ist ihnen selbstverständlich, liegt für sie quasi direkt auf der Hand und will gelebt werden. Sie lassen sich nicht von Konditionen verleiten und stemmen sich sanft, doch meist eher unsanft gegen das Anerzogene und Angebotene vieler Generationen. Sie haben es nicht einfach, sie laufen in ein Netz von verkrusteten Fängen, aber sie haben viel Kraft und Mut, ihren eigenen Weg zu gehen. Oft sehr unkonventionell und vielfach im Erliegen der Versuchungen, sich zu betäuben. Sie spielen, sie suchen Freude in ausgefallenen Dingen, die einen Kitzel haben. Sie lernen nicht leicht, weil sie es nicht besser wissen. Ihre Struktur ist nicht auf die Lebens- und Lernweise dieser Zeitschienen des Planeten ausgelegt. Das bringt viele Vorteile, aber ebenso Schwierigkeiten mit der engen Umgebung. Die ganz neuen Kinder sind sehr gefestigt in sich und nehmen die neue, hohe Energie, die jetzt auf die Erde fließt, gleich als Katalysator für die Dinge, die auf sie einströmen.

Kommen wir zurück zu dem Plan, mit dem viele Menschen hier auf die Erde gelangen. Jede Seele kommt mit einer Idee, was sie bewerkstelligen, was sie erleben, einleiten oder vervollkommnen will. Niemand kommt einfach so in das Feld der Erde gesprungen. Viele haben Themen dabei, die recht schwer und belastend aussehen. Sie wollen alte Verbindungen erlösen und Themen aufbrechen, in denen sie steckengeblieben sind. Das haben sie sich, bevor sie ankamen, sozusagen in die eigene Matrix gelegt. Das ist energetisch und auch durch die Lebensumstände und die astrologische Voraussetzung weitgehendst festgelegt. Selbstverständlich bleibt dann hier dem Menschen die freie Wahl. Keiner muss sich an die Ideen halten, mit denen er kam. Aber durch die Umstände wird ein jeder immer wieder auf den eigentlichen Plan hingewiesen, er stolpert über sie und besonders über die, die mit Erlebnissen verbunden sind, die mit dem Plan zu tun haben. Ein jeder kann nun entscheiden, diesen Weg direkt zu gehen oder auf Umwegen. Niemand sagt einem, was zu tun ist. Nur man selbst kann dies verantwortlich lenken und dann bearbeiten. Es gibt die Menschen, die dies mit einem langen und schweren Anlauf tun. Sie stecken tief verwurzelt in ihren Themen. Es ist mir wichtig, dies hier noch einmal anzusprechen, weil es immer noch viele Menschen so erleben, dass sie anderen die Schuld am eigenen Leid geben.

Nehmen wir ein Beispiel für ein zu bearbeitendes Thema, das du mitbrachtest. Du willst das Thema Trauer abarbeiten, weil du noch sehr an den Verlusten zu knabbern hast. Verluste sind ein Gräuel für dich und stürzen dich sogar möglicherweise in depressionsartige Schübe. Alles, was du loslassen musst, ist dir eine starke Last und macht dich schwer und oft auch traurig. Dieses Thema ist übrigens eines, mit dem zurzeit viele alte Seelen zu tun haben. Dieser Themenbereich ist ein Hauptthema der Erderfahrungen. Es ist die Chance in dieser Zeit, es loszulassen. Das Problem bei der Bearbeitung dieser gespeicherten Erfahrungen ist, dass es unter Umständen hinderlich sein kann, seinen Weg zu gehen. Trauer macht den Menschen starr und hindert ihn daran, freudvoll und leicht am Leben teilzunehmen. Durch die vielen Vorgaben der Gesellschaft ist das Thema Trauer besonders in der westlichen Welt stark mit dualistischen Merkmalen belegt. Da man meist nicht an Wiedergeburt glaubt, weil es nicht gelehrt wird, glaubt man beispielsweise beim Verlust eines Menschen, ihn nie wiederzusehen. Man glaubt, ihn unwiderruflich verloren zu haben. Das macht außerdem das Thema Unendlichkeit sehr präsent. Eigentlich ist der Tod eines geliebten Menschen eine gute Gelegenheit, über den eigenen Tod und das Leben an sich nachzudenken. Doch so weit kommen viele Menschen nicht, weil sie nicht gelernt haben, göttlich zu trauern.

Der große Verlust eines Partners, einer Mutter, des Vaters und anderen zeigt jedem, wie endlich dieses Leben hier ist, aber es zeigt nicht unbedingt auf, was danach kommt. So steckt der Mensch in seiner Trauer fest. Er kann es nicht ausgleichen. Trauer beinhaltet auch meist, dass der Mensch sich völlig abschirmt, dass niemand an ihn herankommt, weil er meint, trauern sei etwas für das stille Kämmerlein. Aber gemeinsam, auch gern mit Ritualen, wie die Urvölker es tun, mit Gesprächen, Gesang und sogar mit Freude, kann dieses Thema gut bearbeitet werden. In anderen östlichen und alten Kulturen wird der Tod als freudige Begebenheit angesehen, kommt die Seele doch zu ihrer wahren

Bestimmung, oder man weiß, dass es drüben weitergeht. Nichts ist vorbei, es geht weiter, auf der anderen Seite werden neue Möglichkeiten geplant.

Es ist wirklich das Thema, das zurzeit viele Menschen erreicht, weil es so viele andere Themen in sich birgt. Es ist das Thema des Lebens, weil es auch mit dem Tod zu tun hat und mit dem Kreislauf allen Lebens. Ich möchte dich bitten, jetzt einmal in das Gefühl von Trauer zu gehen. Wie fühlt sich Trauer für dich an? Gehe tief hinein, nimm dir diese Zeit und fühle, wie es ist, Trauer zu tragen, jetzt! Nimm gern ein Verlustereignis, das dich noch sehr berührt, als Einstiegshilfe. Bemerke, dass du nach einer Weile spürst, wie die Trauer sich auflöst und sich danach ein Gefühl der Freiheit einstellt. Es fühlt sich so an, als sei alles befreit, als seiest du in einer großen Weite. Dieses Feld, in das du gerade eingetaucht bist, ist die große Leere, diese Ebene, aus der alles Neue geschaffen wird. Es bedeutet, dass du losgelassen und Platz für Neues geschaffen hast. Ist das nicht wundervoll?

Selbstverständlich gehört zur Trauer auch der Verlust eines Menschen, der einen verlassen hat, der jemand anderen auserkoren hat, an seiner Seite zu sein, und der so aus dem eigenen Leben verschwindet. Trauer kann der Verlust eines geliebten Gegenstandes hervorrufen, mit dem einen viel Erinnerung verband, vielleicht war es das Geschenk eines geliebten Menschen. Trauer kann der Verlust des Elternhauses sein, der Heimat. Trauer kann auch der Verlust eines geliebten Arbeitsplatzes sein. In Trauer steckt der Begriff des Neubeginns. Das wäre das nächste Ziel: der Neubeginn. Heute, in dieser schnelllebigen Zeit, ist viel Potenzial für Neubeginn da. Doch wie will man einen Neubeginn starten, wenn man viele kleine Trauerfälle in sich trägt, die man noch nicht abgeschlossen hat? Trauer beinhaltet auch, die Liebe zu sich selbst nicht angenommen zu haben, weil man immer noch über einen Verlust nicht hinweggekommen ist. Da taucht oft auch die Frage auf: „Warum habe ich dies jetzt erfahren, warum geschieht das mir? Bin ich es nicht wert, geliebt zu werden, dass man mich verlässt?" Du siehst, viele Themenbereiche des ganzen Erdenlebens stecken im Bereich der Trauer, die nicht verarbeitet wurde. Dein Emotionalkörper könnte voll mit Erlebnissen sein, die mit Trauer zu tun haben.

Einige Menschen haben eine gebeugte Körperhaltung, weil sie schwere Trauer tragen. Sie sind sich dessen meist noch nicht einmal bewusst. Sie tragen die schwere Last der Trauer. Und bei einigen geht es soweit, dass sie so schwer an ihrer Trauer tragen, dass das Leben zur Last wird. Alles erscheint wie ein Kreislauf der Schwere, des Sich-Abmühens und nicht mehr erkennen können, dass das Leben eine wundervolle Erfahrung ist, die auch mit Leichtigkeit und Lust am Leben zu tun hat.

Wer die Trauer des eigenen Seins angeht, der kommt erst einmal an die Chance, sich auszuweinen. Viele Menschen suchen sich intuitiv Situationen, sogar Filme, um in den Fluss der Tränen zu kommen. Sie lassen damit ihre eigene Trauer ab. Sie blicken vielleicht sogar in ihre eigenen Themen. Leider wird dann oft das Kind mit dem Bade ausgeschüttet, indem man dann alles schrecklich findet und denkt, all das Leid der ganzen Welt läge auf den eigenen Schultern.

Schau dir deine Trauer an. Wo ist in deinem Leben die Trauer nicht bearbeitet? Jeder wird da etwas entdecken, das ungeklärt, nicht transformiert ist. Damit will ich dir nicht unbedingt kitschig anmutende Liebesfilme empfehlen. Obwohl, wenn es Freude macht, ist mir das auch recht. Es reicht, wenn du tief in dich hineinschaust, wo deine Trauer liegt. Schau dir die gespeicherten Erlebnisse an und betrauere sie. Erkenne, wie wichtig es ist, sich selbst die Arme um die Schultern zu legen und sich liebevoll zu umarmen. Vielleicht verlorst du deine Mutter früh, vielleicht ging dein Bruder, als du noch klein warst. Deine Großmutter war vielleicht dein Ein und Alles, und du hast bei ihr Trost gefunden. Plötzlich war sie nicht mehr da. Diese tiefe Trauer ist oft nicht verarbeitet, weil man nicht wusste, was zu tun war oder/und auch die Anleitung dafür gefehlt hat. Die tröstenden Worte fehlten und die Hilfe, alles in Liebe loszulassen. Mit Trauer können auch ganz andere Themen und Erlebnisse verbunden sein. Du selbst wirst wissen, wo und was sie beinhalten. Schau es dir an und lass sie los.

Nochmal: In der Trauer ist in Kurzform der Sinn der ganzen Erderfahrung enthalten. Trauer ist wie ein Kreislauf.

Wer tief trauert, was nicht bedeutet, dass es zeitlich lang sein muss, der kann freudig in einen Neuanfang gehen. Was immer das auch einzeln bedeutet. Tief trauern meint, diese Trauer und den Verlust anzunehmen und ihn als Begebenheit des dualen Systems anzuerkennen. Es ist wie ein Ball, den du wirfst und der, geworfen von jemand anderem, zu dir zurückkommt. Du wirfst ihn wieder weiter, das Spiel ist unendlich, aber er kommt immer zu dir zurück. Es sei denn, du beendest das (Erden)Spiel. So ist es mit der Trauer. Sie beinhaltet das Leben an sich. Denk ein bisschen länger darüber nach. Du wirst dann wissen, was ich tiefer damit meine.

In der heutigen Zeit haben viele Menschen mit der Lunge und dem Herzen Schwierigkeiten. Das äußert sich je nach Stärke auch in einem Krankheitssymptom. Alles, was mit Lungen und dem Herzen zu tun hat, ist jetzt auf der Beliebtheitsskala der Heilungssymptome ganz oben. Die Krankheitsbilder bieten die Chance, sich damit zu befassen, viel in die Stille zu gehen, zu ruhen und die Trauer zu entlassen. Das war auch eines meiner schwierigsten Themen, die ich in Erdenzeiten zu bearbeiten hatte. Ich kann gut verstehen, wenn jetzt deine Tränen fließen. Lass es heraus!

So gesehen, ist die gesamte Menschheit dabei, die Trauer zu entlassen. Die alten Seelen machen es vor und geben es in das morphogenetische Feld, und die jungen Seelen haben die Chance, mit einzusteigen. Das gilt natürlich übergreifend und ist auch auf ganze Städte, Länder und Völker bezogen. Ich erwähnte schon, dass Europa und besonders die deutschsprachigen Länder noch tief mit dem Zweiten Weltkrieg verbunden sind, um dieses Ereignis mit all seinen Nebenschauplätzen zu erlösen, zu transformieren. Bedenke einmal, welche Themen der Trauer damit verbunden sind! Es geht nicht nur um den Tod von Menschen, es geht um den Verlust von allem, das mit viel Trauer verbunden ist – dem Verlust der Heimat, dem ungenährten Hungergefühl nach Sicherheit, nach Liebe, nach Vertrauen und vieles mehr. Dieses Thema kollektiv zu lösen, auch bei denen, die außerhalb von Europa daran beteiligt waren, sind die vielen Zünglein an der Waage. Es ist ein starker Prozess, der sich in allem niederschlägt. Betrachte so einmal das Geschehen jetzt hier in Europa und auf der Erde. Nichts wirkt allein, alles ist mit allem verbunden.

Europa ist wirklich ein wichtiges Gebiet für die Neuerungen. Die Menschen hier tragen ein starkes Potenzial dafür, sich viel auf die Schultern zu laden und es schneller abzubauen als andere Menschen. Die Voraussetzungen sind durch alte Prägungen hier auf diesem Kontinent gegeben. Deshalb werden viele Neuerungen auch von hier aus als ein Segen um die Erde gehen. Ich sehe, du denkst viel darüber nach und gehst dabei ab und zu in Wertung. Du siehst all die Machthaber hier am Werke und du kombinierst logisch. Lasse los. Denke nicht logisch, sondern gehe ins Gefühl und fühle, welche großen Möglichkeiten viele Seelen hier in diesem Europa haben und welche Pläne sie in der

Tasche hatten, als sie hier ankamen. Und wie kraftvoll diese Menschen durch die hohe Energie, die jetzt auf die Erde fließt, werden, sodass sie mutig und stark voranschreiten. Du bist einer von ihnen, du hast das Zeug dafür, durch das Loslassen deiner Trauer die des Kollektivs ins Wanken zu bringen. Die Mauern der Trauer müssen einstürzen, damit jedes Land als Chance für ein geistig vereintes Europa in eine neue Entwicklung hineingleitet. Sanft und ohne alte Erlebnisse, die auch tief mit der Trauer des Verlustes der Ehre zu tun haben. Ehre ist ein alt geprägtes Menschengut, das oft falsch verstanden zu Kriegen führte, die unendlich viel Leid verursachten. Ehre wird oft mit Stolz in Zusammenhang gebracht. Beides zusammen führt unweigerlich zu Spannungen und verschließt bei genauerer Betrachtung auch das Herz.

So wollen wir noch einen Blick in dein Herz werfen. Ist deine Trauer bereit zu gehen? Schaue tief in dein Herz und öffne die festverschlossenen Tore. Denn auch bei dir sind Stolz und Ehre noch als Tugenden getarnt. Das hat auch mit deinem Erbgut zu tun. Deine Ahnen wurden so erzogen und haben es an dich weitergegeben. Es ist an der Zeit, alles Alte loszulassen. Beginne bei dir. Du bist auch ein Zünglein an der Waage. Ich zeige dir gern den Weg in die Freiheit. Du musst nur Vertrauen in deine eigene Kraft und Stärke entwickeln, denn die schlummern hinter den verschlossenen Herzenstüren. Und bedenke, dass du damit auch die Genetik der Ahnen und der jetzt geborenen neuen

Kinder möglicherweise noch mehr veränderst. Das ist eine herrliche Vorstellung, nicht wahr? Wenn du dich von der Trauer der Welt klärst, dann gibst du den kristallinen Pionieren, die jetzt die Erde unterstützen wollen, noch mehr Freiheit. Du befreist sie von ihrem Erbe, das sie durch die Wahl des Erdenkleides mitbekamen. Ist das nicht eine wundervolle Sache? Es erleichtert ihnen und uns allen, der Erde auf ihrem neuen Weg behilflich zu sein. Erhebe dich und folge der Spur der Trauer. Sie führt dich und alle Menschen in das Licht des Lebens.

Willkommen im Schoße der Einheit!

Ein Tässchen Tee gefällig? Wollen wir doch zum Abschluss dieses Buches den Genuss ganz vornan stellen. Es ist wahrlich ein Genuss, mit dir hier in der Runde zusammen zu sein. Ich genieße es sehr, die menschliche Nähe zu spüren. So bin ich hier in meinen Gefilden von herrlichen, liebevollen Wesen umgeben. Das menschliche Leben hat mir stets große Freude bereitet, sodass ich es oft vermisse. Ich bin gern Mensch gewesen. War ich doch in den vielen frühen Inkarnationen noch Herr meines Wissens, so bin auch ich dann den Weg des Vergessens gegangen. Das Wissen wieder zu erreichen, war recht mühsam, doch ich hatte mir immer die Inkarnationen so zusammengestellt, dass der Genuss nie zu kurz kam. Eigentlich habe ich, wenn ich so zurückschaue, alles genossen. Auch die Dinge, die nicht angenehm waren. War doch das Hinterher so genussvoll, war die Zeit des Geschütztseins, des Erlöstseins, des Gerettetseins ein Wohlgefühl, ein Geborgensein im Schoße des Einen. Ich liebte die Natur, sie war für mich vielfach ein Labsal. Auch in der Zeit, in der ich als Graf Saint Germain die Gegenden durchstreifte, – war ich sehr mit der Natur verbunden. Ich lernte, wie man die Kraft des Wachstums der

Natur gebrauchen konnte für das Wachstum und die Fortbewegung anderer irdischer Dinge. Auch für mich. Wenn man es schafft, sich ganz in die Natur einzuweben, kann man diese Kraft spüren. Es ist das Leben an sich, es ist das Pulsieren der Kraft Gottes, das in jedem Blatte sich findet und das dafür sorgt, dass der Kreislauf gesichert ist. Wir sind alle mehr, die ihr auf der Erde seid, mit diesem Kreislauf verbunden, als ihr ahnt. Würdet ihr alle Pflanzen vernichten, gäbe es kein Leben auf der Erde. Deshalb ist es so wichtig, sehr sorgsam mit den Kräften der Natur umzugeben. Ich spreche auch von der Kraft des gespaltenen Atoms, was noch nicht so erforscht ist, als dass es unbedenklich genutzt werden könnte. Auch mit Magnetismus zu arbeiten, will gut gelernt sein und bedarf eines tiefen Wissens. Zu allen Zyklen der Erde, ob bewusst oder unbewusst, ich spreche von dem 26.000-Jahre-Zyklus, war die Erde stark bewohnt, mal weniger, mal mehr. Aber immer sind die Menschen eng mit der Natur, mit der Physik der Natur verbunden gewesen. Manchmal konnten sie dieses Wissen einsetzen, immer dann, wenn sie mit ihrem Höheren Selbst gut verbunden waren. Oder sie hatten lediglich ein Gefühl dafür, wie es sein könnte, weil es unumstritten war, dass ein Leben in der Natur auch Hindernisse und Gefahren mit sich bringen konnte, aber auch viele Gaben, die unübersehbar waren, schenkte. Blicken wir dabei weit zurück in die sehr unbewusste Phase des Menschen. Ich war in vielen Phasen hier auf der Erde. Auch bewusst und unbewusst.

Nun ist ein Zeitpunkt erreicht, an dem sich die Erde wirklich völlig verändert. Die Welt wird nicht mehr dieselbe sein in den nächsten Jahren. Ich sagte schon, dass es etwa noch fünf Jahre brauchen wird, bis tiefschürfende Veränderungen in die richtigen Bahnen gelenkt sein werden. Dann steht dem Goldenen Zeitalter nichts mehr im Wege. All das geht mit einer noch stärkeren Schwingungserhöhung einher, noch stärker, als es jetzt schon ist. Wir schreiben jetzt den Juni 2010. In fünf Jahren wird es eine Idee von einem wahrhaft vereinten Europa geben, das sich wie eine große, liebevolle Krake ausbreiten wird. Gleichzeitig entstehen ähnliche geistige Gebilde in Südamerika, in Ostafrika, im Libanon, in China und in Japan. Das sind die wichtigen Knotenpunkte, wo Änderungen eingefädelt werden, die sich dann vernetzen. Es ist ein weiteres Gitternetz um die Erde herum, das nicht messbar ist im Sinne von physikalischen Messdaten. Es ist das Netz, das aus höheren Ebenen schon gewoben, aber noch nicht vollends im Einsatz ist. Es wird sanft gelegt, und die Vernetzung ist das Bewusstsein der Menschen.

Ich spreche hier bewusst nicht von den vielen Ideen über 2012, die zurzeit angeboten werden. Doch richtig ist, dass es große Veränderungen geben wird. Richtig ist auch, dass die Erde nicht untergehen wird. Sie wird sich lediglich in eine andere Schwingungsebene hineinbewegen. Das geschah in der Form noch nie. Gleichzeitig geschieht das, was immer nach Beendigung eines Zyklusses geschah, beziehungsweise immer in einem Halbzyklus der Erde. Alle 13.000 Jahre wurde in den letzten Zyklen eine Polverschiebung bemerkt. Das war allerdings nicht immer so zu allen Zeiten der Erde. Und nun kommt das Interessante: Dies geschah immer so, wie sich die Menschen bewusst waren. Eine Polverschiebung ist für die Erde nichts Neues, und es kommt auch für sie nicht unerwartet. Sie kann sich in ihrem Inneren darauf vorbereiten. Sie tut dies mit verschiedenen Bewegungen und inneren Aktivitäten. Auch das ist vom Bewusstsein der Menschen abhängig, wie diese Bewegungen ausfallen. Botschaften darüber kursieren schon lange durch gut angebundene Medien. Die Menschheit hat Einfluss auf die Art und Weise der Polverschiebung. Je mehr Menschen erwacht sind und ihren Fokus auf ihr Herz und den Gott in sich legen und mit der Einheit verschmolzen sind, desto leichter wird dieser Vorgang vonstatten gehen. Die gute Nachricht, die mein Freund, das liebevolle Geistwesen KRYON, schon verbreitet hat, ist, dass das halbe Prozent der Menschen, die erwacht sein müssen, um einen leichteren Übergang zu gestalten, erreicht ist. Es geht jetzt darum, so viele Menschen wie möglich auf dieses Thema aufmerksam zu machen. Aber nicht mit Horrorszenarien-Versionen, sondern mit dem klaren Hinweis, dass es wichtig ist, sich selbst zu entdecken und zu spüren, dass Gott in einem selbst wohnt und nicht im Außen ist. Dieser Gott wartet nur darauf, entdeckt und gelebt zu werden. Je mehr Menschen dies wissen und auch immer mehr leben, desto leichter wird dieser Prozess der Polverschiebung und der damit verbundenen Schubkraft für das Hineingleiten in eine höhere Dimension sein. Das Zeitfenster dafür liegt bei circa fünf Jahren. Diese Botschaft habe ich in der Form noch nicht gegeben. Ich halte jetzt die Menschheit dafür bereit, dies zu erfahren. Es wäre nicht fair, dies weiterhin zu verbergen. Wer die klaren und direkten Botschaften aus der geistigen Welt in den letzten fünfundzwanzig Jahren gelesen hat, der weiß, wir haben uns mit Voraussagen sehr bedeckt gehalten. Es war wichtig, erst einmal zu sehen, wie die Menschheit sich entwickelt. Nun sind gewisse Stufen erreicht, nun kann man offen über diese Entwicklung sprechen, ohne Angst zu erzeugen.

Ich werde jetzt sehr deutlich: Die Erde wird sich verändern, die Menschen, die auf ihr leben, auch. Aber wie dieser Umstand vonstatten geht, hängt von euch ab. Nicht von uns, wir stehen hier parat, um weitere Schritte der Hilfe einzuleiten. Wir tun schon sehr viel, um die Erde diesbezüglich in ihrer Stabilität zu unterstützen. Ich darf jetzt auch sagen, dass wir angewiesen waren, einige sehr schwere Erdbeben auszugleichen. Das war uns aus höherer Ebene angedient worden. Und wir haben es gern getan. Die vielen Experimente, die die Menschen immer noch tätigen, und die Versuche mit biologischen Waffen rufen leider noch immer viele Turbulenzen auf der Erde hervor. Nicht alle Erdbeben sind von der Erde eingeleitet. Das muss ich hier auch noch zum Ausdruck bringen. Auch da haben wir eingreifen dürfen, und das Schlimmste wurde verhindert. Ja, es hätte noch schlimmer kommen können. Doch lasst uns diese Idee nicht weiter verfolgen. Wichtig ist, dass ihr alle viel im Herzen verweilt. Dort ist euer wahrer Platz. Im heiligen, höheren Herzen ruht der Gott, der Schöpfer, in euch. Dort seid ihr immer geschützt, behütet und in Liebe gehalten. Das muss euch jetzt noch mehr bewusst werden. Niemand kann sich hier auf der Erde weiter stabil bewegen, der nicht den Weg des Herzens geht. Der führt natürlich in die allumfassende Liebe. Denn Gott ist reine Liebe. Wer im Herzen verweilt, wie hier in den Kapiteln ausführlich beschrieben, der ist auf dem rechten Weg, dem wird nichts mangeln. Wir sind neben euch, wir halten eure Hand und wir flüstern aufmunternde Worte auf diesem spannenden Weg. Abnehmen können wir euch eure Wege nicht, aber die Disteln an den Seiten, die können wir entfernen.

Die Erde braucht eure Kraft und euren Mut. Die Erde ist die Mutter, die sich freut, wenn die Kinder auf ihre gut gemeinten Ratschläge hören. Die Erde hält auch deine Hand und möchte dir vermitteln: "Ich liebe dich, du, mein Kind, ich bin stets an deiner Seite. Besonders jetzt ist es wichtig, dass du auf mich hörst, jetzt, in der Zeit des Wandels. Jetzt halte dich an meinem Rockzipfel fest. Ich trage dich mit in die höheren Ebenen!"

Es ist nichts, was dir schaden könnte, wenn du weiterhin diesem Pfad der Erkenntnis und der Liebe zu dir selbst folgst. Nimm dich an, so wie du bist, auch mit deinen

Fehlern, wie du sie nennst. Nimm alles an, dann klärt es sich auf.

Zum Abschluss dieses Buches ist es mir wirklich wichtig, dir noch einmal zu vermitteln: Du brauchst keine Psychotherapien mehr, keine Reinkarnationssitzungen, um dich zu klären. Du solltest vielleicht körperliche Hilfen in Anspruch nehmen, wie Massagen und Heilsitzungen mit Energie, die dir helfen, dein Körpersystem auszugleichen. Den Rest übernimmt dein Höheres Selbst. Höre auf deine innere Stimme. Die wirklich sensationelle Nachricht ist: Du bist gut, so wie du bist, und es ist nicht notwendig, dich auf den Kopf zu stellen, um dich zu ändern. Das hat man jahrelang verbreitet. Jetzt geht es darum, dich anzunehmen, so wie du bist. Dann löst sich der Schmerz, die Angst, das mangelnde Selbstwertgefühl. „Loslassen!" heißt jetzt die Divise. Die Energie auf der Erde ist so hoch wie nie zuvor, und sie wird sich noch verstärken. Das ist notwendig für den neuen Weg. Und dieses Steigern wird einigen Menschen Probleme bereiten, weil sie festhalten und weiterhin in ihren Strukturen leben. Das ist nicht schlimm, es ist ihr Weg. Jeder ist doch geliebt, egal, wie er sich bewegt. Missionieren hilft da nichts. Es geht nur über die Liebe. Achte und ehre deinen Nächsten. Das speist das Feld, von dem ich hier so oft sprach. Du bist wirklich das Zünglein an der Waage, egal, wie alt du, ob du arm bist oder reich, ob du gebrechlich bist oder total fit. Die Gedanken deines Lebens, die formen alles. Und so formst du dich selbst. Die Gebrechen, die Muster können gehen. Und du hilfst der Erde durch deine Stabilität, ihren Weg leichter zu gehen. Das wiederum hilft allen Menschen.

Die Erde geht in eine höhere Dimension, das ist sicher, das ist keine Spekulation, die Wissenschaftler haben das auch festgestellt, es ist Fakt. Und nun ist nur noch die Frage: „Wie kann man das leichter gestalten?" Meine Antwort ist: Indem du an dir selbst arbeitest und damit deinen Beitrag dazu leistest. Jeder Mensch, der aus dem Herzen lebt, ist ein kristalliner Punkt im Bewusstseinsgitternetz der Menschheit. Je mehr kristalline Knoten da sind, desto leichter wird dieses Gitter die Erde transportieren. So ist es. Wenn du bemerkst, dass es Krisengebiete gibt, die sich nicht gut anfühlen, schenke diesem Gebiet dein Licht. Das kannst du immer und überall tun. Du tust zwar schon viel unbewusst, das dringt nicht in dein Tagesbewusstsein, aber bewusst ist auch empfehlenswert. Dann bist du in der Riege der Helfer, die von hier oben das Netzpotenzial unterstützen. Sende Licht in alles, was dir erhebungsbedürftig erscheint. Schenke deine Liebe, umarme alles. Und das ist etwas, was du an andere weitergeben kannst. Umarme alle, und das vermittle jedem, der dich fragt, warum du so gut gelaunt bist. Der Weg ins Herz ist ganz einfach: Liebe dich und akzeptiere alle deine Dinge, die dein Leben bisher ausmachten. Die schlechten Erfahrungen werden geebnet und dich nicht mehr plagen. Ich verspreche dir, der Weg des Herzens ist die Gleitspur in den Himmel.

Mir ist noch wichtig, dir zu sagen, es braucht keinerlei Hilfsmittel für den Menschen, der sein Herz öffnet und sich kennenlernt. Und es braucht auch keinen Schutz. Wovor willst du dich schützen, wenn du in deinem Herzen verankert bist? Das Massenbewusstsein ist das Spielfeld der Erde, in dem du agierst. Doch wenn du noch mehr aus dem Herzen lebst, dann agierst du aus und in einer höheren Ebene, die ist nicht im Spielfeld der Erde. Dann kann dich auch nichts an Gedanken oder Dramen erreichen. Dann können dir negative Kräfte, die hier noch aus der astralen Ebene opponieren, nichts anhaben. Sie sind ausgeschlossen. Du hast einen Kokon, deinen Lichtkörper mit deiner Herzensenergie, gebildet, was wieder mit der Energie deines Höheren Selbstes und noch höheren Energien korrespondiert. Ist das nicht außergewöhnlich? Du brauchst keinen Schutz, deine Herzensenergie ist wie ein Schutzwall, nichts kann dich mehr erreichen, was nicht gut für dich ist. Diesen Wall erweiterst du immer mehr. Darin können Menschen und Häuser eingeschlossen sein. Das ist der Fall, wenn Menschen in deiner Nähe sein wollen oder wenn sie zu dir sagen: „Immer, wenn du da bist, ist überall gute Laune, kein Stress in der Firma kann sich durchsetzen. Wie machst du das?"

Wenn das geschehen ist, wirst du alle Dinge, die hier auf der Erde passieren, mit Gelassenheit annehmen. Du siehst die Umwälzungen, ihre Auswirkungen, aber es stürzt dich nicht in Angst oder Auswegslosigkeit. Du wirst wissen, wo du dein Licht hinschickst oder wie du die Gebiete in dein Feld einhüllst. Das ist das, was wir auch tun. Willkommen im Schoße der Einheit! Wir agieren aus einem anderen Teppich, dem Teppich der Liebe. Und je mehr Menschen das leben, desto leichter wird der Weg der Erde. Ich kann das nicht oft genug sagen. Das ist die Hauptbotschaft dieses Buches.

Und nun entspanne dich, wir wollen jetzt Verbindung zu deinem Höheren Selbst aufnehmen. Diese Fühlübung habe ich mir bis zum Schluss aufgehoben.

Suche dir einen bequemen Ort, atme tief und gleichmäßig, bis sich ein bestimmter Rhythmus eingestellt hat. Dann lege deine Hand, egal welche, auf dein Herz. Nimm tiefen Kontakt zu deinem Herzen auf. Spüre, wie sich etwas bewegt im Herzensraum und bemerke ein Wohlgefühl. Genieße dieses Gefühl und stelle fest, du erweiterst dich. Dein Körper scheint immer größer zu werden. Vielleicht spürst du auch, dass starke Energie durch dich hindurchfließt. Die kribbelt vielleicht oder pocht. Vielleicht fühlst du dich auch etwas angehoben. Dann konzentriere dich bewusst auf dein Herz und sprich zu deinem Höheren Selbst. Sag: „Liebes Höhere Selbst, ich möchte gern Kontakt zu dir aufnehmen. Gib mir ein Gefühl von dir!" Dann spüre die Energie, die sich jetzt intensiv in dir ausbreitet. Es wird ein starkes Liebesgefühl sein, eine Zärtlichkeit, eine Geborgenheit. Genieße einfach nur. Dann kannst du um Kontakt, um Kommunikation bitten. Sag zu deinem Höheren Selbst: „Bitte gib mir eine Botschaft, ich möchte eine Mitteilung von dir haben, was du mir ans Herz legen willst." Dann lausche in dich hinein. Die Botschaft kommt als Gefühl oder Gedanke zu dir. Hab Geduld und Vertrauen. Die Idee, die dir kommt, ist die richtige. Bleib so lange in diesem Liebesfeld, wie du es magst.

Alle Menschen haben in dieser Zeit die Chance, diesen Kontakt aufzunehmen, die hohe Energie auf der Erde macht es möglich. Ob es gelingt, hängt nicht vom Höheren Selbst ab, sondern von euch. Ihr bestimmt, ob ihr in bewusste engere Verbindung kommt. Ihr müsst üben und vertrauen, dass die Botschaften korrekt sind. Wenn du mich dabei um Unterstützung bittest, werde ich den Kanal für dich freihalten. Du kannst dich auf mich verlassen.

Ich ziehe mich nun langsam zurück und überlasse dich jetzt deinem weiteren Weg. Ich werde mir allerdings erlauben, immer mal wieder reinzuschauen, ob du meine Hilfe brauchst. Oder wir beschließen jetzt gleich, diesen Weg gemeinsam zu gehen. Ach, und vergiss nicht: Genieße das Leben! Es ist wahrlich ein Genuss, jetzt hier auf der Erde zu sein, nicht wahr?

Voilà, so sei es!

Gott zum Gruße!
Ich Bin
Saint Germain

Über die Autorin

Barbara Bessen ist Journalistin und beschäftigt sich seit langem überwiegend mit ganzheitlichen Themen. Seit langem ist sie eng mit der geistigen Wesenheit **Kryon** verbunden und seit 2002 gibt sie seine Botschaften und die göttliche Energie in Form von Büchern und Seminaren weiter. Barbara lebt in Norddeutschland, ist Mutter eines Sohnes und hat zwei reizende Enkeltöchter.

Barbara bietet im europäischen Raum Seminare und seit kurzem auch längere Reisen an. Auf einer Reise für einige Tage gemeinsam in hoher Energie zu sein, stärkt den Kontakt in die eigene Mitte, in den göttlichen Kern. Aus der Intuition heraus zu leben, das ist die Kernbotschaft, die Barbara Bessen gern weitergeben möchte. Wer gut in sich selbst verankert ist, kann das irdische Leben leichter gestalten. Barbara ist seit vielen Jahren auch mit Saint Germain eng verbunden. Sie sagt, er sei schon seit langer Zeit einer ihrer geistigen Lehrer. Nähere Informationen über ihre Bücher und die Seminar- und Reisetermine erfahren Sie unter www.kryon-deutschland.com.

Lesen Sie auch

St. Germain spricht
Band 1

ISBN 978-3-89568-207-0
im ch. falk-verlag

Bitte umblättern...

Saint Germains Werke im ch. falk-verlag

Das Tor zum Goldenen Zeitalter
ISBN 978-3-89568-135-6

Die Schlüssel fürs Tor zum Goldenen Zeitalter
ISBN 978-3-89568-177-6

Das Tor zur körperlichen Transformation
ISBN 978-3-89568-137-0

Das Tor zur partnerschaftlichen Liebe
ISBN 978-3-89568-145-5

St. Germain spricht
ISBN 978-3-89568-207-0

Die neuen Wege der Liebe. CD
ISBN 978-3-89568-163-9

Das Tor der Gnade. CD
ISBN 978-3-89568-169-1

Lichter des Aufstiegs
ISBN 978-3-89568-208-7

Aufbruch in das neue Jahrtausend
ISBN 978-3-89568-073-1